DE L'ASSURANCE MUTUELLE

EN CAS DE MORT

OU DE LA

CONSTITUTION DE L'HÉRITAGE

PAR LA MUTUALITÉ.

IMPRIMERIE DE GUIRAUDET ET JOUAUST,
rue Saint-Honoré, 315.

DE L'ASSURANCE MUTUELLE

EN CAS DE MORT

OU DE LA

CONSTITUTION DE L'HÉRITAGE

PAR LA MUTUALITÉ.

Plan d'un Établissement spécial,

PAR M. A. DE MONTRY,

Directeur de L'Équitable.

----•◦◦◦•----

Paris,

A L'ADMINISTRATION DE L'ÉQUITABLE,

RUE LOUIS-LE-GRAND, 23.

——

1848

INTRODUCTION.

La démocratie ne peut triompher dans nos mœurs qu'en constituant le patrimoine de chacun par l'association de tous.

La propriété est le pivot sur lequel s'élève et s'affermit la famille.

La famille est la personnalité qui constitue l'ordre, c'est l'arche qui nous sauve de tous les déluges.

Sans la famille, sans la propriété, pas d'ordre. — L'ordre, la famille et la propriété, ne sont que les trois faces d'une seule et même question.

Aujourd'hui le travail, quelle que soit la direction qu'on lui donne, n'offre à la famille aucune garantie contre la ruine dont la mort prématurée de son chef peut la frapper.

Le travailleur, à quelque spécialité qu'il appartienne, lorsqu'il n'a reçu en partage qu'un modique héritage, est dans la nécessité de le conserver intact pour le transmettre à ses enfants. Il ne lui est pas permis d'utiliser son capital pour donner à son industrie les développements qu'elle réclame, en présence de l'éventualité qui peut stériliser tout à coup son œuvre et plonger dans la pénurie un groupe de six ou huit personnes devenu tout à coup orphelin.

La lacune qui existe dans nos institutions ne laisse donc à aucun de nous l'entière disposition de ce puissant instrument de travail : de là le malaise profond qui frappe l'industrie et l'agriculture.

Le capital est au travail ce que la nourriture du corps est à l'entretien de la vie. Il est son aliment nécessaire, son moyen de croissance, l'âme et la base de ses développements.

Il importe donc que le patrimoine ne soit plus immobilisé, et que l'on puisse en quelque sorte le lancer dans la circulation avec certitude que l'association le rendra intact à la famille le jour de la mort de son chef.

Il importe que celui qui ne possède rien, que le prolétaire, en un mot, puisse se constituer un capital qui est le but de ses constants efforts, et que sa mort continue aux siens l'existence qu'ils trouvaient dans son travail.

Dans un pays qui pose comme base de sa constitution le principe de l'égalité et de la fraternité, il faut par des institutions spéciales assurer au travailleur, dans la mesure de ses œuvres et de sa capacité, le capital qu'il veut, qu'il doit léguer à ses enfants.

L'argent, l'épargne, la propriété, ne sont que les traductions d'un seul et même fait, dont le patrimoine est l'expression spéciale.

De quelque façon que ce soit, en écus, en terre, en action vénale, chacun dans la mesure de ses forces doit aujourd'hui avoir la certitude de laisser un patrimoine à ses enfants.

C'est la mise en œuvre du principe de fraternité, et c'est sa mise en œuvre par le chemin le plus sûr, par l'intérêt individuel appuyé sur l'intérêt de tous.

Rendre l'aisance héréditaire dans la famille, tel est le but qu'une société qui se régénère doit se poser franchement.

Mais comment constituer le patrimoine sans violer ni le droit des gens par la conquête, ni la constitution nationale par le privilége.

Tel était le problème qui préoccupait encore à la fin du siècle dernier tous les bons esprits de l'Angleterre. Ce problème, on le conçoit, parut long-temps insoluble ; mais enfin la science économique est parvenue à le résoudre victorieusement par la création des assurances mutuelles sur la vie humaine.

Chez nous, tout est encore à faire sous ce rapport. Rien donc n'est plus important pour nous que de connaître l'histoire des assurances mutuelles sur la vie dans le pays qui le premier en a compris les avantages et qui leur a donné la plus grande extension.

Nous jetterons, au préalable, un rapide coup d'œil sur l'origine et les progrès de l'assurance humaine dans le Royaume-Uni. Cet aperçu ne tardera pas à nous mettre en présence d'un établissement qui, par la constante sagesse de sa direction, par la perfection de ses statuts, et par l'importance de ses affaires, mérite plus que tout autre de former l'objet d'un examen approfondi.

Nous aurons à nous arrêter quelques instants à l'*Equitable Society* de Londres. Le tableau de ses pénibles débuts, et du gigantesque agrandissement dont ils furent suivis, nous conduira sans effort à la recherche des causes de ce double phénomène. Dès lors, nous pourrons mettre à profit l'expérience britannique ; voir, par l'exemple de nos voisins, quelle est la route qu'il faut suivre et quels sont les écueils qu'il faut éviter.

La seconde partie de ce travail sera consacrée à l'exposition familière de la science, des bienfaits et de la pratique des assurances considérées comme moyen de constituer l'héritage. Nous y dirons les services précieux que l'épargne collective, employée au bénéfice des héritiers naturels ou adoptifs, pourrait rendre dans notre pays, autant et peut-être mieux qu'ailleurs, aux particuliers, aux familles, à l'état. Puis, après avoir indiqué quelques unes des situations et des nécessités auxquelles cette institution s'appliquerait avec le plus d'avantage, nous discuterons la valeur relative des différents systèmes qui peuvent présider à son organisation.

Dans une troisième et dernière partie, afin d'utiliser les leçons de l'expérience et les déductions de la logique, nous essaierons de poser les bases d'un établissement d'épargnes testamentaires à l'usage du public français.

PREMIÈRE PARTIE.

CHAPITRE PREMIER.

ORIGINE ET PROGRÈS DES ASSURANCES EN ANGLETERRE.

Les principes et les combinaisons qui servent de base aux assurances sur la vie supposent, dans la nation qui les conçoit et les adopte, d'assez hautes notions d'économie sociale. Il est donc impossible d'admettre que, même à l'état le plus imparfait, cette institution ait pu se produire dans des sociétés peu avancées en civilisation. A la vérité, les premiers projets d'assurance d'immeubles contre l'incendie avaient été conçus et présentés, avec beaucoup de sagesse et de clarté, bien avant l'époque où ils fixèrent l'attention du public. En économie, comme dans toutes les sciences, il s'élève toujours de ces esprits supérieurs qui devancent leur époque et à qui la postérité rend quelquefois une tardive justice. Mais, bien souvent, l'oubli les enveloppe tout entiers. Les noms des inventeurs de ces systèmes de prévoyance, qui produisent aujourd'hui de si grands et de si salutaires effets, ne sont pas même parvenus jusqu'à nous. Tout ce qu'on en sait, c'est que ces grands hommes eurent à lutter contre des préjugés de toutes sortes, puisés surtout dans les opinions religieuses peu éclairées de leur époque. Dans les observations du comte Antoine d'Oldenbourg sur un projet d'assurance contre l'incendie qui lui fut soumis en 1609, on lit que la pensée de ce projet était bonne, mais que, si le comte l'adoptait, ce serait peut-être tenter la Providence, mécontenter ses propres sujets, et se faire accuser lui-même d'avarice (1).

Toutefois, la proportionnalité des risques entre différents voyages de mer, ce principe qui constitue le fond de l'assurance maritime, paraît avoir été connu déjà du temps du Bas-Empire. Nous trouvons dans Tite-Live, Livre xxvii, Chap. 24, que les provinces d'Espagne étaient obligées de remplacer, en retour des fournitures qu'elles recevaient de Rome, les vaisseaux qui se perdaient en mer ou qui étaient capturés par l'ennemi. Il paraît même que la baraterie était déjà pratiquée à cette époque (2). Quoi qu'il en soit, la convention que nous

---

(1) *A History of inventions and discoveries*, *by J. Beckmann*. Londres, 1797, 1 vol. in-8. p. 396.

(2) On sait que dans les engagements de cette nature il est quelquefois commis par les assurés des fraudes de plus d'un genre. Ainsi, on suppose des naufrages qui n'ont jamais eu lieu ; on coule à fonds, à dessein, de vieux navires avariés, chargés d'objets de peu de valeur ; on sauve l'équipage dans des chaloupes, et de fortes sommes sont exigées des assureurs en compensation d'une perte imaginaire.

venons de citer peut être considérée comme une assurance, puisqu'elle renferme la clause d'indemnité. Néanmoins il y manque la condition moderne de la prime.

Considérée comme système légal et commercial, l'assurance des vaisseaux remonte au commencement du
seizième siècle. Depuis ce temps, elle a fait des progrès
rapides en Espagne, en Italie, en Hollande. Les premiers règlements sur la matière, en Angleterre, datent de
l'an 1601, et jusqu'alors la probité des assureurs fut
un point à l'abri de toute contestation. Mais, dans le
cours de ce même siècle, il s'introduisit une autre espèce d'assurances maritimes qui tenaient à la fois de la
gageure et du prêt sur intérêt. En vertu de ce dernier
genre de convention, lorsqu'un voyageur allait entre-
prendre quelque longue et dangereuse expédition, il
avait coutume de verser entre les-mains d'un courtier
spécial une certaine somme qui, dans le cas où le déposant reviendrait sain et sauf, devait lui être restituée
avec un intérêt usuraire de trois, quatre et jusqu'à cinq
capitaux. Les anciens dramaturges et satiriques anglais
font de fréquentes allusions à cet usage. On peut en conclure que cette prétendue assurance était considérée
tout au plus comme un pari hasardeux. En effet, les
courtiers qui recevaient les sommes déposées se mon-
traient souvent récalcitrants lorsqu'il s'agissait de l'exécuter. Cette bizarre coutume des assurances sous forme
de gageure, ou plutôt des gageures sous forme d'assurances, existait encore au dix-septième siècle pour
l'exécution de certains projets ingénieux ou coûteux

dont l'inventeur ne pouvait faire les frais. Les annales de l'assurance en Angleterre offrent de ce fait de curieux exemples. Nous ne pouvons résister au désir d'en citer un ou deux pour montrer comment l'esprit de jeu devança l'esprit de prévoyance, et lui fraya pour ainsi dire le chemin.

Parlons d'abord du plan que le capitaine Bulmer, ingénieur assez malheureux dans ses tentatives, publia, dans les années 1643 et 1647, sous le titre : « Propositions faites à l'*Office d'assurances* pour faire passer une barque avec un homme pardessus le pont de Londres. » L'auteur de cet étrange projet s'engageait, en son nom et au nom de ses héritiers ou ayant-droit, à l'exécuter dans le délai d'un mois après l'époque où l'Office lui en aurait fait sommation, c'est-à-dire aussitôt que les tenants du pari, qui étaient six contre un, auraient déposé la somme nécessaire pour construire la barque et la machine. L'inventeur lui-même souscrivait pour sa part proportionnelle. La somme ainsi formée devait rester à l'Office jusqu'à ce que le capitaine Bulmer eût rempli son engagement, pour lui être alors remise, ou jusqu'à ce qu'il eût échoué, et dans ce cas elle devait être distribuée entre les souscripteurs. « Et tous ceux, ajoute naïvement la pièce en question, qui porteront leur argent à l'Office, y seront assurés de leur perte ou de leur gain, conformément aux conditions ci-dessus énoncées (1). »

(1) *Traités du roi Georges III*, au *Musée britannique*. In-fol.; pièces diverses, tom. III, art. 88; feuilles détachées, tom. V, art. 130.

Comme les engagements de ce genre reposaient quelquefois sur un grand nombre de souscripteurs, on comprend sans peine qu'il s'élevait à tout moment des disputes sur les prétentions des uns et la non-exécution des contrats par les autres. On voit dans le *London Mercury*, publié en 1682, que certaine veuve essaya de faire approuver par la chancellerie un mémoire qui aurait rendu près de cinq cents individus responsables des sommes qu'elle réclamait d'eux comme héritière de feu son mari. Celui-ci, dit l'acte, était une espèce d'assureur. Ce mémoire se composait de soixante feuilles de parchemin, et de trois mille feuilles de papier. Mais le lord chancellier North, indigné de l'effronterie de la demanderesse, et considérant l'énormité des frais que chaque défendeur devrait encourir pour s'en procurer une copie, rejeta la demande. De plus, il enjoignit à l'avocat qui l'avait signée, de rembourser les dépenses déjà faites et de renoncer à tout salaire (1).

La seconde application des principes de l'assurance eut pour objet la bonification des pertes essuyées par l'effet du feu. Néanmoins, il paraît qu'elle ne se généralisa que vers la fin du XVIIe siècle, quoiqu'il y eût eu long-temps auparavant des maisons assurées par des particuliers. En 1609, on soumit au comte Antoine Gunther d'Oldenbourg un projet d'assurance d'immeubles contre l'incendie, dans lequel les sujets territo-

_____

(1) *Anecdoctes of the manners and customs of London*, by J.-P. Malcolm Londres, 1811, 1 vol. in-4. p. 192.

riaux jouaient le rôle d'assurés, et leurs seigneurs celui d'assureurs. D'après cette combinaison, les sujets devaient, soit isolément, soit simultanément, déterminer la valeur des immeubles, et, pour chaque cent thalers d'évaluation, payer au seigneur un thaler de prime annuelle. Celui-ci, de son côté, prenait l'engagement, dans le cas où par la volonté divine le feu consumerait leurs maisons, pourvu que ce ne fût pas le fait de la guerre ; il s'engageait, disons-nous, à supporter le dommage, et à payer aux propriétaires victimés la somme nécessaire pour les rebâtir. L'auteur de ce projet déclare que, dans sa conviction, les sinistres pourraient peser lourdement sur l'entreprise dans les premiers temps, mais qu'on devait arriver ainsi à prélever, d'année en année, un capital considérable, et que, si l'on faisait le calcul de la valeur des maisons qui auraient péri dans un espace de temps donné, la perte demeurerait fort au dessous des sommes amassées pendant l'intervalle. Toutefois il recommandait de ne pas comprendre dans la même association, mais de diviser sur plusieurs, toutes les maisons d'une même ville. Cette précaution avait pour objet d'empêcher qu'une valeur trop grande pût être enveloppée dans un seul désastre.

On remarquera que ce projet renferme les éléments essentiels de toute assurance : la répartition des sinistres et la formation, par voie d'accumulation successive, d'un capital d'indemnité. Cependant le comte d'Oldenbourg ne l'adopta pas. Il fut d'avis qu'une compagnie formée sous le régime de la communauté pourrait, plus convenablement, assurer les maisons de tous ses membres et payer les sinistres occasionnés par l'incendie. En effet, la première association d'assurance contre le feu qui fut établie en Angleterre eut pour base le principe de la mutualité. Le 15 octobre 1681, un acte de la Corporation de Londres ordonna qu'un fonds d'assurances fût formé, sous la direction d'un comité qui devait chaque jour siéger à Guildhall, de trois à six heures du soir, « pour accomplir ladite entreprise à la pleine satisfaction de toutes personnes, citoyens ou non, qui seraient intéressées dans quelque bâtiment faisant partie de la Cité. » Le 16 novembre suivant il fut convenu, dans une assemblée du *Common-Council*, « qu'il serait ouvert des livres au premier décembre prochain; que ces livres seraient déposés à la Chambre de Londres, pour recevoir et entériner les souscriptions, et que dorénavant des terres et des rentes territoriales, jusqu'à concurrence de cent mille livres sterling, seraient constituées en fonds d'assurances pour la garantie des maisons qui feraient l'objet de la souscription; de plus, qu'ultérieurement, et à mesure que des souscriptions seraient faites, on formerait un nouveau fonds additionnel au moyen des primes reçues. La prime d'assurance pour les maisons en briques devait être de quatre livres par cent, et de huit livres pour les maisons en bois. » Mais cette clause, ajoute le révérend John Strype, auteur contemporain, ne put passer dans la pratique, peut-être à cause du peu de crédit dont la Cité de Londres jouissait à cette époque (1). Par con séquent le projet d'une assurance mutuelle contre le feu ne fut exécuté à Londres que dans l'année 1696. Une association fut alors fondée, et plus tard elle reçut le titre caractéristique de Société de la Main-à-la-main (*the Hand-in-hand*), sous lequel, au 26 juin 1718, se trouvaient assurées 3,666 maisons (**2**).

Ce fut ainsi que les différentes espèces d'assurances s'introduisirent dans les mœurs. Les tables et les observations que le docteur Halley avait faites sur la mortalité comparée du genre humain, et, comme conséquence sur la valeur des annuités viagères, déterminèrent bientôt la fondation de plusieurs Sociétés de prévoyance, fondées sur les théories de reversibilité. Nous ne pouvons passer sous silence un projet mentionné par Hatton, et qui devint la base du premier établissement public d'assurances sur la vie. Il était l'ouvrage du révérend William Assheton, docteur en divinité et recteur de Middleton, dans le comté de Lancastre. D'après le témoignage de son auteur, il avait été conçu dans l'intérêt de veuves d'ecclésiastiques, et d'autres personnes respectables. Il avait, en général, pour objet la constitution de douaires et d'annuités. La pensée d'Assheton fut comprise et réalisée par la compagnie des Merciers.

---

(1) *Stow*, *Survey of London*, publié par le révérend John Strype. Londres, 1720, 1 vol., liv. 1ᵉʳ, chap. xxviii, p. 239 et 240.

(2) Même ouvrage. Tom. II, liv. 5, chap. xxix, p. 406.

En 1698, elle fixa la somme de 2888 livres par an comme garantie d'un paiement annuel de 30 livres pendant la durée de l'existence de toute veuve dont le mari, se trouvant en bon état de santé, aurait souscrit à la Compagnie une somme de 100 livres. Il en était de même, proportion gardée, de toute autre assurance, quel qu'en fût le montant (1). En 1699, une institution analogue fut créée sous le nom de Société d'assurance pour les veuves et les orphelins (2).

Au mois de juillet 1706, le premier établissement d'utilité générale offrant des garanties de ce genre fut constitué par une charte de la reine Anne. Il s'appelait l'*Amicable Society,* ou l'Assurance perpétuelle. Il est probable que vers la même époque beaucoup d'autres projets de pareille nature auront vu le jour, et qu'il n'en sera pas resté de traces. Mais nous pouvons faire connaître une combinaison fort curieuse de ce temps-là, qui fit époque dans l'histoire des assurances. Vers 1707, Charles Povey conçut l'idée d'une Société qu'il voulait établir au profit de 4000 personnes en bonne santé, de six à cinquante-cinq ans. Il lui donnait le nom de Maison d'échange des propriétaires et des négociants. Chaque souscripteur devait payer 2 shellings 6 deniers par trimestre. En retour de cette prime, une somme de 3000 livres serait équitablement distribuée aux ayant-droit des personnes assurées, décédant en quelque tri-

---

(1) *A new View of London,* par Edward Hatton, Londres, 1708, tom. II, p. 611. *Stow, Survey of London,* tom. II, liv. 5, chap. ix, p. 174.
(2) Hatton, tom. II, p. 787.

mestre que ce fût. De plus, les bénéficiaires touchaient un demi-denier sur le produit net des imprimés vendus par l'établissement. L'auteur du projet proposait encore de faire réserver par la Société 50 livres par trimestre, pendant l'espace de cinq ans, pour la construction d'un édifice qui serait appelé le *Collège de la Maison d'échange des commerçants*. Il demandait que, passé ce délai, cent souscripteurs nécessiteux fussent logés dans cet édifice, et qu'à cinquante des plus pauvres d'entre eux l'on donnât 10 livres d'annuité jusqu'à la fin de leur existence. Après l'expiration de cinq autres années, tous les habitants du Collège devaient recevoir cette même pension (1).

La coutume de faire publier, par les établissements d'assurances, des journaux historiques ou politiques, date peut-être des directeurs de la Société *l'Union*. Chaque souscripteur de cette Société, dit encore Hatton, peut, lorsqu'il en exprime le désir, recevoir gratis l'un des journaux qu'elle publie une ou deux fois par semaine. La compagnie d'assurance *the Sun* fit aussi paraître, en 1724, un ouvrage de ce genre. Il était intitulé : *le Registre historique*. On le distribuait aux souscripteurs sous la forme de journal. Cette publication se continua jusqu'en 1743. Chaque numéro formait une forte brochure in-8., qui se vendait au public au prix d'un schelling.

Nous reprenons l'historique des établissements d'as-

(1) Hatton, tom. II, p. 783.

surance humaine. En 1719 fut rendu un acte du parlement ayant pour objet (ce sont les termes mêmes de la loi) « de mieux assurer certains pouvoirs et priviléges que Sa Majesté avait eu l'intention d'accorder, par deux chartes d'assurances, pour les navires et les marchandises en mer, et pour la bomerie, c'est-à-dire pour les avances de fonds à la grosse aventure assignées sur la quille d'un vaisseau (1). » Sous l'empire de cet acte fut établie la *Royal Exchange Assurance Company*, dont la charte est du 20 juin 1720. L'autorisation primitivement donnée à cet établissement fut élargie par une autre charte rendue dans l'année suivante, et qui lui permettait d'étendre ses opérations aux assurances sur la vie et à celles qui sont destinées à réparer les accidents causés par le feu.

Voici comment David Macpherson juge les combinaisons d'assurances de cette époque. Il écrivait lui-même en 1805 : « Sur plus de deux cents projets chimériques qui furent non seulement conçus, mais réalisés, dit-il, il n'en existe plus que quatre aujourd'hui. Ce sont : la *Royal Exchange Assurance*, la *London Assurance*, la *York Buildings* et l'*English Copper Company* (2). »

La Compagnie d'assurances de Londres fut constituée en 1721, en vertu du même acte que la Compagnie royale et pour accorder des garanties de même nature. Il paraît que ce furent là les seules Sociétés d'assu-

---

(1) Sixième année du règne de Georges Ier, chap. XVIII.
(2) *Annals of commerce*, Londres, 1805, tom III, p. 90.

rances générales sur la vie qui se fondèrent avant l'an 1762 : car nous ne comptons pas celles assez nombreuses qui ne concernaient que des classes particulières de la société, telles que l'armée, la marine, le clergé, les instituteurs. On se rappelle que c'était par une destination spéciale que l'assurance humaine avait commencé dans la Grande-Bretagne.

L'année 1762 vit enfin paraître cette fameuse *Equitable Society*, dont nous esquisserons l'histoire dans le chapitre suivant. Vers la même époque, il s'éleva quantité d'autres établissements qui se posaient en bienfaiteurs de la vieillesse. Mais la plupart, fondés sur des calculs erronés, ne produisirent que ruine et déception. Les noms même en sont oubliés ou perdus aujourd'hui. D'un autre côté, les dernières années du XVIIIe et les premières du XIXe siècle enfantèrent plusieurs compagnies solides, dont la statistique, si le cadre de ce travail nous permettait de la produire tout entière, offrirait le plus vif intérêt. Rien n'est plus propre à faire comprendre la marche progressive de cette institution de prévoyance que l'inspection des quelques chiffres suivants, auxquels nous devons nous borner. De 1826 à 1830, il s'établit trois nouvelles Sociétés d'assurances sur la vie en Angleterre. De 1831 à 1835, les fondations furent au nombre de dix. De 1835 à 1842, on en a compté plus de quarante.

CHAPITRE II.

HISTOIRE DE L'ÉQUITABLE ANGLAISE.

La Société l'*Équitable*, après cinq ou six années de tentatives infructueuses, fut définitivement fondée à Londres le 16 septembre 1762. Un célèbre professeur, Thomas Simpson, avait, dans un cours public, recommandé la création d'un établissement de ce genre. On résolut de suivre ses conseils. Les promoteurs de l'entreprise s'adressèrent à M. Dodson, mathématicien distingué. Celui-ci fut prié de composer pour la Société des tarifs de primes d'assurances sur vies uniques, et tant viagères que temporaires. Dans ses calculs, M. Dodson, pour plus de sûreté, se fonda sur les probabilités de vie observées au milieu de la population de Londres pendant une période de vingt années. Cette période embrassait l'an 1740, où la mortalité avait presque atteint les proportions d'un fléau. Il en résulta que les primes furent portées beaucoup plus haut qu'elles n'auraient dû l'être si l'on s'était appuyé sur les probabilités ordinaires, même en les prenant dans la capitale. Toutefois, ces questions étaient alors si peu comprises, que le magistrat chargé d'examiner les tarifs de la Société projetée ne les crut pas assez élevés pour conseiller à la couronne de les revêtir de son autorisation. Cette difficulté contribua beaucoup sans doute à retarder la fondation de l'*Equitable*. Elle doit encore avoir été la principale cause de la rareté de ses souscripteurs primitifs. A la première assemblée, il ne fut constaté que quatre assurances. Dans le cours des quatre premiers mois, le nombre de ces engagements ne dépassa pas la trentaine, et le total des sommes assurées ne s'éleva qu'à 127,000 fr., ce qui donne, en moyenne, 4,250 fr. par assurance. Impatientés par la lenteur de ces débuts, les administrateurs crurent pouvoir employer la ruse. Ils simulèrent un succès qui n'existait pas. La vingt-cinquième police reçut le numéro d'ordre 275, et ce fut ainsi qu'on fit croire au public, qu'au lieu de vingt-cinq membres, l'*Equitable* anglaise en comptait deux cent cinquante de plus ! En même temps, lord Willoughby de Parham, et plusieurs autres personnages, quoique étrangers à la société naissante, consentirent à lui prêter leurs noms, et à accepter le titre de directeurs. Cependant ils n'avaient aucun intérêt dans l'établissement auquel ils accordaient ainsi leur patronage, et ne s'étaient pas même donné la peine d'en examiner les statuts et les opérations. Deux ans après, lorsqu'on crut apparemment pouvoir se passer de leur concours nominal, des remerciments furent votés à lord Willoughby « pour les services qu'il avait rendus à la réputation de la Société. »

Plus récemment, d'autres compagnies ont imité cet exemple et ont même exagéré. Nous les croyons en cela moins excusables que les fondateurs de l'*Equi-*

table Society. Ces derniers étaient en face d'un public qui ne connaissait encore ni la nature ni les tendances philanthropiques de l'institution qu'ils lui présentaient. Certes, ce n'était pas trop, pour réussir, du patronage des hommes les plus considérables. Mais on ne peut approuver cependant les moyens dont ils firent usage ; et nous ne savons lequel était plus répréhensible, ou des personnages qui se prêtaient à l'abus de leurs noms, ou de la Société qui s'en servait pour tromper la classe assurable.

Si ces expédients eurent l'effet désiré , si le temps agit seul en faisant mieux comprendre la question, c'est ce qu'on ignore. Quoi qu'il en soit, la Société s'affermit graduellement dans la considération publique, et pendant les six premières années , les affaires augmentèrent à peu pres tous les ans dans la même progression. A la vérité, cet accroissement ne portait que sur le nombre des assurances, et non sur l'importance des sommes souscrites. A la fin de 1768, les polices en vigueur étaient au nombre de 564, et le montant de chaque police, en moyenne, s'élevait à 6,250 francs environ. Il est toutefois à remarquer que, dans cette première période, près de la moitié des contrats furent frappés de déchéance, faute par les souscripteurs d'avoir payé leurs primes, ou d'avoir été exacts dans leurs déclarations. Ce fut là, pour la Société, l'occasion d'un bénéfice considérable. Mais bientôt, comme cela devait être, le nombre des polices tomba de 1,168 à 490. Peut-être aussi cette énorme diminution doit-elle être attribuée en partie à de vives altercations qui s'étaient élevées entre les sociétaires. Les fondateurs voulaient qu'afin de les indemniser des travaux et des dépenses que leur avait coûtés, disaient-ils, l'établissement de la Société, on leur attribuât 25 shellings de droit d'enregistrement par chaque cent livres assurées. Cette prétention, en face de l'élévation des tarifs, élévation, hors de toute proportion, avec les risques que courait la Société, amena de graves discussions entre les anciens et les nouveaux sociétaires. Le feu de la discorde allait peut–être tout dévorer, sans l'intervention médiatrice de M. Gould, qui fut depuis sir Charles Morgan, et de quelques autres personnes. Ce petit groupe de modérés parvint à calmer l'irritation des esprits. Il finit même par obtenir une transaction en vertu de laquelle les fondateurs, ou, comme ils s'intitulaient, les propriétaires du fonds existant à l'époque de l'autorisation royale (1), renonçaient à toute prétention exclusive au droit désigné sous le nom d'enregistrement (*entry*), et recevaient à la place une rente qui leur fut régulièrement payée.

Cet arrangement rétablit la tranquillité, mais l'effet ne s'en fit pas immédiatement sentir sur le nombre des assurances. Il est même probable que l'établissement au–

____

(1) Ces personnes, au nombre de vingt-et-une, représentaient qu'elles avaient supporté les frais d'obtention de la charte et d'autres dépenses faites dans l'intérêt de la Société. Leur contribution n'ayant pas été égale, la totalité du fonds fut par conséquent divisée en 146 actions, et chaque ayant-droit put être traité dans la proportion des avances qu'il avait ou qu'on le disait avoir faites.

rait continué de languir sans une circonstance toute for-
tuite. Le docteur Price, mathématicien justement esti-
mé, publia vers ce temps son *Traité des paiements reversibles*. C'était en 1769. L'auteur condamnait, avec
raison, toutes ces Sociétés au bénéfice des veuves et
des vieillards qui s'étaient récemment constituées sans
le secours de la science, et qui bientôt après finirent,
en effet, par des catastrophes. Il excepta de sa répro-
bation la Société l'*Équitable*, et la recommanda même
comme étant la seule qui reposât sur les principes d'un
calcul rigoureux.

En ce qui touchait les primes originairement établies
par M. Dodson, le docteur Price avait certainement raison de la recommander. Mais s'il avait pris garde à la
quantité d'additions exorbitantes et absurdes qu'on y
avait faites, pour des risques imaginaires, comme ceux
de jeunesse et de sexe féminin; ou s'il avait eu connaissance de quelques unes des clauses de l'acte constitutif,
par exemple, de la cinquante-septième et des deux suivantes, par lesquelles les souscripteurs primitifs s'adju-
geaient le produit du droit d'enregistrement, nous
croyons qu'il aurait tempéré ses éloges. Peut-être même
eût-il douté de la justesse du nom symbolique dont la
Société s'était revêtue. Heureusement toutefois, d'après
ses conseils, les charges injustes dont nous venons de
parler ont été depuis long-temps abolies. La Société,
profitant de l'expérience des années postérieures, a pris
soin d'opérer dans les parties défectueuses de son acte
constitutif des changements qui l'ont élevée au rang

des institutions les plus utiles, et qui font aujourd'hui d'elle une des gloires du pays.

Lors de la fondation de l'*Equitable* anglaise, en 1762, l'*Amicable*, dont l'existence remontait au commencement du siècle, était la seule Société qui eût pour objet spécial les assurances sur vies uniques. On connaissait alors si peu la matière, même dans les hautes classes de la société britannique, que les clauses les plus monstrueuses furent autorisées par une charte royale. Le gouvernement sanctionna les assurances sur toutes les têtes au dessous de quarante-cinq ans, moyennant une prime annuelle commune de cinq livres sterling par cent. Il permit encore que le produit annuel des primes fût distribué entre les représentants des membres décédés dans l'année. Rien n'était cependant plus injuste et plus impolitique que de confondre les âges, et de distribuer annuellement toute la réserve. Aussi ce système empêcha-t-il toujours la société l'*Amicable* de se développer et de grandir (1).

Nous ne voyons pas que les fondateurs de l'*Equitable Society*, quoique venus cinquante ans plus tard, aient mieux compris la marche qu'il fallait suivre dans l'appropriation de l'excédant annuel des primes sur les créances. La seule différence essentielle entre les combinaisons des deux Sociétés consistait dans le choix des personnes qui devaient se partager cet excédant. Dans

---

(1) Cette Société a obtenu dernièrement une nouvelle charte, fondée sur des principes plus rationnels.

l'une il était réparti entre les représentants des morts. Dans l'autre, on le distribuait aux membres survivants, mais sous la condition de couvrir le déficit dans le cas où les créances viendraient à dépasser les primes ; condition qui pendant un grand nombre d'années exerça l'influence la plus désastreuse sur le crédit de la société.

A la vérité, la *Royal Exchange* et la *London Assurance* étaient autorisées par leurs chartes à faire des opérations sur la vie humaine. Mais elles ne se prévalurent presque jamais de ce droit, ou plutôt le public n'eut guère recours à elles que pour des assurances sur une seule vie, et durant une seule année. Quant à ces dernières, nous croyons que lesdites compagnies les accordaient pour tous les âges indistinctement sous la condition d'une prime de cinq livres par cent. Elles ne réformèrent leur doctrine, et ne s'occupèrent sérieusement d'assurances viagères que lorsqu'elles y furent invitées par la prospérité de l'*Equitable*.

Le profond mystère dont les premiers directeurs de l'*Equitable* enveloppaient leurs opérations aurait pu faire croire qu'il s'agissait de quelque œuvre illicite ou honteuse. En décembre 1762, tous ces messieurs, ainsi que le secrétaire, s'engagèrent sous serment à ne jamais révéler ni les noms des personnes qui seraient venues demander des assurances, ni les délibérations du conseil des directeurs et des assemblées générales. Et comme si ce n'était pas assez de cet engagement ridicule, au moins dans sa dernière partie, on décréta que les propriétaires du fonds de charte, qui n'étaient pas directeurs, et qui souvent même n'étaient pas membres de l'assemblée générale, pourraient, chaque fois qu'ils seraient deux ensemble, examiner les livres de la Société. Dans quel but accordait-on ce monstrueux pouvoir aux fondateurs? C'était pour qu'ils pussent s'assurer par eux-mêmes que la part dans le produit du droit d'enregistrement que leur assignait l'acte constitutif, leur était intégralement remise.

On ne trouve point, dans les archives de l'établissement, qu'il y ait eu d'assemblée générale pendant les trois premières années. Cette infraction grave aux statuts fut probablement consentie par les sociétaires d'alors. En effet, ils traitaient si légèrement les affaires, que plusieurs fois des assemblées générales furent convoquées, et puis dissoutes, parce que les sociétaires n'étaient pas en nombre. On prit enfin le plus sûr moyen de les réunir. En juin 1772, il fut décidé que les vingt-un premiers membres présents à la séance avant onze heures recevraient, à eux tous, la somme de cinq guinées. Cet usage, légèrement modifié, existe encore, quoique la situation sociale ne l'exige plus.

Le choix des deux ou trois premiers secrétaires ne fut pas heureux. Croyait-on pouvoir diriger l'*Equitable* sans le secours des sciences mathématiques? Nous l'ignorons. Mais il est certain que ces fonctionnaires, chargés par le conseil des directeurs de tous les travaux administratifs, ne s'entendaient guère qu'à la comptabilité. Sous ce rapport, du reste, ils étaient irréprochables. Leurs états de comptes étaient dressés avec une

parfaite exactitude, mais ils ne savaient pas en déduire
la situation réelle de la Société. Dans tous les cas d'assurances qui demandaient un calcul spécial, on avait recours au docteur Price. Il est donc inconcevable que l'on
n'ait pas eu l'idée de le consulter sur la solvabilité de
l'établissement. Cette question vitale ne lui fut jamais
posée. On continuait de suivre machinalement la routine
de l'acte constitutif. On divisait la réserve en plusieurs
classes, sans employer aucune règle certaine pour en
vérifier le montant. Il semble cependant que moins on
exigeait de connaissances mathématiques des secrétaires, et plus on aurait dû rechercher les conseils de
l'excellent mathématicien qui avait rédigé les tarifs.
Heureusement, pendant tout le cours de l'administration
de ces secrétaires incapables, les assurés ne témoignè-
rent jamais le désir d'entamer de leur vivant le capital
social, et par conséquent l'inexpérience des administrateurs ne put avoir aucun résultat fâcheux.

En 1775, M. William Morgan, homme supérieur à
tous égards, accepta la place de secrétaire. A partir de
ce jour, l'*Equitable* entra dans une phase nouvelle. Elle
ne se traîna plus, d'année en année, dans l'ignorance
et l'erreur, incapable de se connaître elle-même. Le
nouveau secrétaire avait commencé par interroger le
docteur Price sur la solidité de l'établissement, et grâce
au concours de ces deux hautes intelligences, les résolutions des directeurs et des assemblées reposèrent dorénavant sur des principes certains.

L'année suivante le mathématicien fit au conseil des directeurs quelques observations sur la méthode à suivre aussi bien dans la comptabilité que dans la détermination périodique de la situation sociale. Cette communication, d'un prix inestimable, renfermait trois projets distincts et détaillés. Le premier donnait le moyen de reconnaître le rapport entre les créances et les primes ; le second montrait comment il fallait comparer entre elles les décroissances de la vie humaine observées dans la Société, et celles supposées dans les tables de mortalité qui servaient de base aux tarifs ; le dernier permettait de supputer séparément la valeur de toutes les polices et d'en confronter le total avec le capital social. En outre, le docteur Price, dont nous ne pouvons reproduire ici toutes les idées, insistait sur la nécessité de modifier les tarifs alors en usage, non seulement comme étant exorbitants, mais comme étant absurdes et mal fondés. L'observation leur avait déjà donné les plus formels démentis, surtout à l'égard des prétendus risques du sexe féminin et de la jeunesse. En conséquence, ces charges extraordinaires furent aussitôt abolies, et l'adoption des trois projets amena la vérification de la situation sociale de 1768 à 1776 inclusivement. Par l'exécution du premier, l'on reconnut qu'en moyenne, pendant les neuf années précédentes, la réserve annuelle s'était montée à 75,000 fr.; par celle du second, que les probabilités de vie dans la Société avaient été plus élevées que dans la table de M. Dodson, qui servait de base aux tarifs, et que la différence était de trois à deux ; et, par celle du troisième, que la totalité du capital de réserve s'élevait à 750,000 fr. environ.

Ces résultats, si favorables à la Société, la décidèrent à diminuer les primes d'un dixième. Mais il paraît que cette mesure fut de peu d'effet, soit pour augmenter le chiffre des affaires, soit pour diminuer celui de la réserve annuelle. La raison en est facile à comprendre. La continuelle accession de membres nouveaux, qui venaient s'ajouter aux anciens, compensait pleinement la soustraction faite à la réserve par la réduction des primes. Il devait en résulter que cette réserve s'accrût à peu près dans la même proportion que pendant les deux ou trois années précédentes.

En 1780, le docteur Price avait composé, pour la quatrième édition de son *Traité des paiements reversibles*, un grand nombre de tables de mortalité déduites des probabilités de vie en Suède, à Chester, à Northampton, et ailleurs. Il regardait ce travail comme le plus exact qui eût été fait dans ce genre, et conseillait à la Société de remplacer, soit par celle de Chester, soit par celle de Northampton, la table très imparfaite sur laquelle, jusqu'à cette époque, on avait calculé les tarifs. Cet avis, comme tous ceux du docteur, fut suivi sans hésitation. Avant la fin de 1781, une série complète de tables était rédigée d'après les observations de Northampton. Elles avaient coûté plus de vingt mille supputations. Elles exprimaient la valeur des vies uniques et réunies à tout âge, et déterminaient les primes d'assurance de tout genre , tant uniques qu'annuelles. Mais ces dernières , quoique calculées au taux de trois pour cent, demeuraient si fort au dessous des primes alors perçues, que l'on jugea convenable d'y faire une addition de quinze pour cent, afin d'empêcher que le revenu de la société diminuât dans une trop forte proportion. Voici quel fut l'effet de l'adoption de ces nouvelles tables. Les primes annuelles , qui se seraient alors élevées à 900,000 fr. si les anciennes tables avaient été maintenues , tombèrent à 800,000 fr. Afin donc d'indemniser les membres actuels pour avoir payé des primes trop élevées, on prit le parti d'augmenter le chiffre de leurs assurances. A chaque cent livres sterling on fit une addition d'une livre et demie pour tout versement fait avant le 1er janvier 1782. Pendant cette année et les trois suivantes , le nombre des assurances augmenta tous les ans de près de moitié. Le revenu s'accrut dans la même proportion. Alors la Société, observant cet accroissement rapide , et considérant, d'une autre part, que depuis 1776 elle n'avait fait aucune enquête particulière sur sa situation, résolut de se livrer, à ce sujet, à des investigations nouvelles avant d'adopter aucune mesure qui pût affecter ses finances. Ce volumineux travail fut achevé dans le courant de 1785. Il donna des résultats si favorables, que non seulement on crut pouvoir supprimer le droit de quinze pour cent sur les primes, mais que l'assemblée générale jugea même à propos de faire une nouvelle addition d'une livre à chaque cent livres pour tous les versements accomplis avant le premier jan-

vier 1786. Par suite de ces mesures, la réserve descen-
dit de 4,100,000 fr. à 2,750,000 fr., et toute personne
assurée avant 1772 vit ajouter 30 pour cent au montant primitif de son assurance. Ce fut à cette occasion
que M. Morgan, s'adressant pour la première fois au
Conseil des directeurs, relativement à la situation sociale, proposa quelques changements administratifs qui
furent approuvés et adoptés.

De 1786 à 1791, les probabilités de vie et le rapport entre les créances et les primes furent trouvés
tous les ans tellement favorables à la Société, que l'on
crut pouvoir, sans aucune investigation préalable, faire
une nouvelle addition d'une livre par cent aux sommes
assurées. Quoique sans danger en cette circonstance,
un tel procédé ne laissait pas, en principe, d'être fort
hasardeux. La Société put bientôt en reconnaître les inconvénients. En décrétant l'addition d'une manière aussi
précipitée, on n'avait pas pu prendre le temps de vérifier
jusqu'à quel point elle diminuerait le capital de réserve.
Aussi fut-elle jugée insuffisante par quelques membres
peu éclairés ou trop avides. Ceux-ci, l'année d'après,
entreprirent de la faire renouveler. Mais la grande majorité de l'assemblée générale était animée d'un meilleur
esprit. On résolut de ne prendre aucune mesure financière nouvelle avant d'avoir fait une enquête détaillée
sur l'etat réel des affaires, jusqu'au 31 décembre 1792.
A cette époque, le nombre des assurances avait atteint
le chiffre de 4,640, et le capital, en y comprenant les
titres de rente et les hypothèques, s'élevait à vingt-cinq

millions de francs. Il résulta de l'enquête que, de 1786 à 1792 inclusivement, la réserve s'était élevée de 2,750,000 fr. à 7,500,000 fr. En face d'un tel excédant, amassé dans l'espace de sept années, on ne pouvait révoquer en doute l'opportunité d'une nouvelle addition. Deux livres par cent furent donc ajoutées aux assurances ; et cette mesure, combinée avec les précédentes, eut pour effet de doubler chaque cent livres assurées avant 1771. Les engagements d'une date antérieure furent augmentés dans une encore plus forte proportion.

La grandeur de l'établissement à cette époque et la haute importance qu'il avait acquise engagèrent M. Morgan à s'adresser en cette occasion à l'Assemblée générale. Il y avait déjà trente ans que l'habile secrétaire administrait *l'Equitable Society*. Fort de son expérience, il entreprit de modérer l'ambition des plus ardents pendant qu'il en était temps encore. Il s'attacha surtout à faire ressortir l'action puissante et certaine, quoique indirecte, de ces additions ; et tout ce qu'il y aurait de dangereux à juger de leur étendue, de leur portée définitive, par l'effet qu'elles avaient produit sur la première partie des opérations. Ce rapport, inspiré par le zèle le plus désintéressé, fut favorablement accueilli ; mais il ne put empêcher la mesure d'être bientôt renouvelée. Au bout de deux ans fut votée une autre addition, d'une livre par cent, à toutes les assurances d'avant 1793. Quelques membres insatiables soutenaient alors que ces additions pouvaient sans inconvénient être réitérées à des intervalles périodiques, et même plus courts que ceux que l'on avait gardés jusque là. Mais leur argumentation sophistique ne pouvait réussir dans une assemblée d'hommes déjà fort éclairés sur la question. La partie raisonnable des membres constituait la très grande majorité. Toutefois M. Morgan s'alarma, non sans raison, de l'influence que l'intérêt personnel peut exercer même sur les dispositions des hommes les plus sages. Il prit donc de nouveau la parole en **décembre 1795** au sujet de ces fréquentes additions que l'on faisait aux créances. Il prouva par une série de calculs qu'elles devaient avoir pour effet inévitable d'absorber la réserve, et finalement d'anéantir la Société. Le succès de cette démonstration fut complet. L'assemblée, entraînée par la force des raisonnements du secrétaire, rendit à l'unanimité, sur sa proposition, le décret suivant : « Aucune résolution ayant pour objet d'augmenter les droits des créanciers, ou de distribuer une part quelconque des fonds ou propriétés de la Société, ne sera obligatoire à moins d'avoir été consentie par les quatre cinquièmes des membres ayant voix délibérative qui seront présents à l'assemblée où cette résolution sera proposée ou adoptée. » Cette loi mit une barrière invincible à toutes les tentatives des impatients. Hormis deux ou trois motions qui furent à peine écoutées, elle les écarta pour long-temps.

En 1799, il y avait sept ans qu'on laissait les finances de l'*Equitable* s'améliorer sans interruption. La Société décida qu'avant d'adopter aucune mesure en 1800, elle ferait une enquête semblable à celles de 1736 et de 1792. Le 24 avril 1800, ce travail était terminé. Il paraît qu'au 31 décembre précédent, l'*Equitable Society* comptait 5,124 membres, qu'elle possédait un capital de vingt-cinq millions et une réserve de 12,300,000 fr.

On voulut se rendre compte des effets que pourrait produire une nouvelle addition, et savoir jusqu'à quel point elle réduirait la réserve. On fit donc le calcul de ce que vaudrait actuellement une livre sterling par cent, ajoutée à toutes les assurances pour chacun des versements faits avant le 1er janvier 1800. Cette valeur se montait à 4,800,000 fr. Par conséquent, l'addition dans les termes d'une livre par cent n'était pas suffisante : on convint qu'elle serait portée au double de ce taux. Cet arrangement laissait subsister, au profit de ceux qui survivraient à la prochaine enquête, une réserve de 5,625,000 fr. Elle devait encore s'accroître par le cumul des intérêts. A cette époque furent passés trois statuts d'une haute importance pour le bien-être et la sécurité de l'*Equitable*. Il fut établi par le premier : « que, tous les dix ans, l'on ferait un relevé précis de la valeur de chacune des polices » ; par le second : « qu'avant cette enquête, il ne serait fait aucune addition aux créances, et qu'il ne serait adopté aucun système de distribution des bénéfices » ; par le troisième : « que, dans aucun cas, les additions aux créances ne pourraient dépasser en valeur actuelle les deux tiers du capital net de la réserve »

Ces sages mesures, conservatrices du capital, devaient nécessairement consolider le crédit de l'*Equitable*. Pour mieux en apprécier l'utilité, jetons un coup d'œil sur les premières années qui suivirent. Cette Société, si faible à son début, ne comptait, dix ans après sa fondation, que cinq cents membres, et tout son capital à cette époque n'allait pas à plus de 500,000 francs. Lors de l'enquête décennale de 1809, elle avait réuni plus de 7,300 souscripteurs, et près de soixante-quinze millions. Pendant l'intervalle qui s'écoula de 1800 à 1810, les événements furent extrêmement propices à la Société. Le cours de ses prosperités ne fut interrompu par aucune dérogation aux lois adoptées en 1799. Loin de là, sa marche ascendante fut affermie par une loi de 1810, disposant : « Qu'aucune motion pouvant affecter les finances sociales ne serait admise à la discussion, à moins qu'il en eût été donné connaissance à l'assemblée précédente, et que ladite motion eût été communiquée, sous forme d'avertissement et par lettres circulaires, à tous les membres ayant droit de voter aux assemblées générales. »

Par l'enquête de 1809, on reconnut que la réserve se montait à 40,400,000 francs. Une addition de deux livres dix shellings par cent fut faite aux créances. La valeur actuelle de cette bonification était de 24 millions 381,000 francs. Cela faisait près des deux tiers de la réserve et laissait, pour l'enquête décennale de 1820, une somme de seize millions, plus les intérêts composés. Mais, afin de calmer l'impatience des derniers venus,

l'addition de deux livres dix shellings par cent fut étendue à tout versement fait entre les années 1810 et 1820,
par ceux des membres dont les assurances porteraient
une date antérieure au 1er janvier 1810. On l'étendit en
outre à tous les versements postérieurs au sixième et relatifs à des assurances de date plus récente. Ces additions prospectives devaient s'arrêter au 1er janvier 1820.

Quoique ces dernières dispositions retardassent l'admission des membres nouveaux aux bénéfices, toutefois
elles ne paraissent pas avoir eu pour effet de diminuer le
nombre des souscriptions nouvelles. La Société continua
de s'agrandir dans une proportion presque alarmante ;
car il était à craindre, à cause même de son prodigieux
développement, qu'elle ne devînt impossible à gouver-
ner. Les directeurs, en 1815, crurent devoir s'occuper
très sérieusement de cette question. Ils formulèrent un
avis qui fut partagé par la fraction prudente de l'assemblée générale. Ils jugèrent qu'il était urgent d'arrêter,
par des mesures efficaces, la trop rapide accession de
membres nouveaux. Ces précautions semblaient, en effet, dictées par la justice et par le soin de la sûreté de
l'établissement. Si les choses continuaient à suivre
leurs cours, le moment n'était pas éloigné où les membres nouveaux, devenant prépondérants par la puissance du nombre, absorberaient la plus grande partie de
la réserve, sans avoir contribué à sa formation. M. Morgan, pour conjurer ce péril, soumit aux directeurs un
projet qui reçut leur approbation et qu'ils recomman-
dèrent à l'assemblée générale.

Dans ce projet aucun membre nouveau n'était admis à la distribution de la réserve avant que les participants actuels fussent réduits à cinq mille, et ce nombre ne pouvait être dépassé dans aucun cas. Le plan du secrétaire fut adopté, à quelques modifications près Il produisit tous les bons effets qu'on en avait attendus, et l'avenir prouvera sans doute que cette mesure a sauvé a Société.

Dans son rapport à l'Assemblée générale du 16 décembre 1816, M. Morgan félicita chaleureusement les sociétaires d'avoir posé cette limite aux partages ; et, jusqu'à sa mort, il l'a toujours considérée comme l'acte le plus important et le plus précieux de son administration.

La résolution de 1816 avait complétement satisfait les membres d'alors. A l'exception d'une loi très sage qui fut rendue, en 1817, à l'effet d'empêcher l'aliénation, soit immédiate, soit indirecte, d'une partie quelconque du capital, il ne se passa rien d'extraordinaire avant l'enquête de 1819. En cette année, le capital, y compris les titres de rente et les fonds placés sur hypothèques, approchait de 156 millions, et la réserve allait à plus de 80 millions. En exécution du statut de 1800, les deux tiers de cet excédant furent appropriés au bénéfice des membres assurés avant 1814. On ajouta 2 liv. 10 shell. p. 0|0 à leurs assurances, pour chaque versement fait par eux antérieurement au 1er janvier 1820. La même somme fut allouée à ceux assurés entre 1814 et 1817, pour l'époque où ils auraient complété leur sixième versement.

Le surplus de la réserve, qui formait encore 25 millions, fût, comme de droit, mis en fructification jusqu'au prochain inventaire décennal qui devait avoir lieu en 1830.

Ainsi, pour toutes les assurances antérieures à 1771, les additions se montaient alors à plus de 400 liv. par cent ; sur toutes celles postérieures de vingt ans à celte date, elles dépassaient le taux de 150 liv. par cent. Il eût été par trop étrange que d'aussi étonnants bénéfices n'eussent pas satisfait les ambitions les plus vastes. Rien n'est donc plus naturel que l'unanimité avec laquelle ces additions furent votées. Mais, nous le disons à regret, elles ne produisirent sur les esprits qu'une impression passagère, et leur importance, en quelques occasions, ne servit qu'à provoquer des prétentions incessantes. En 1826, l'élévation factice des fonds publics donna le vertige à toute la nation. L'*Equitable Society* ne put échapper complétement à la contagion de cette fièvre de projets insensés et ruineux. L'augmentation imaginaire des richesses, due à la hausse des titres de rente, enivra plusieurs membres de la Société. On osa proposer, en Assemblée générale, de répartir immédiatement, parmi les membres, 25 millions de francs (1). Il est presque inutile d'ajouter qu'une motion aussi imprudente fut rejetée sans hésitation. Il y eut

(1) Rien n'est plus dangereux que l'adoption d'une mesure permanente, fondée sur la hausse ou la baisse temporaire d'un capital placé dans les fonds publics. En 1795, celui de l'*Équitable* se composait de 11,550,000 francs trois pour cent, et de 3,500,000 fr. quatre pour cent, ce qui représentait alors une valeur de 11,060,000 fr. Le 31 décembre 1797, le ca-

cependant beaucoup de membres qui pensèrent qu'on devait retirer quelque avantage de la situation présente des fonds publics. On proposa donc, dans ce dessein, plusieurs mesures qui, presque toutes, après avoir agité la Société pendant quelques mois, tombèrent devant le veto de la majorité. Nous devons en excepter deux. L'une avait pour objet de convertir en hypothèques une grande portion du capital placé sur les fonds publics ; l'autre, de payer, à ceux des membres qui seraient disposés à les vendre, la valeur actuelle des augmentations faites à leurs créances.

Il est fâcheux que l'on ait cru devoir permettre la vente de ces augmèntations, qui n'avaient pas été faites dans ce but. La Société, en les décrétant, avait entendu qu'elles ne seraient payées qu'avec la somme principale, à l'époque où celle-ci deviendrait créance. L'action graduelle des additions, cette particularité de l'*Équitable* anglaise, constituait un de ses titres les plus importants à la confiance des familles. Aujourd'hui ce système est infirmé. Le mode de répartition autorisé en 1826 diffère peu de cette aliénation directe du capital, contre laquelle M. Morgan et tous les hommes sages s'étaient toujours élevés avec force.

pital se divisait en 12,750,000 fr. trois pour cent, et en 5,125,000 fr. quatre pour cent, valant à cette époque 9,375,750 fr. seulement. Par conséquent, quoique, dans l'espace de deux années, le placement en trois pour cent fût augmenté de 1,200,000 fr., et le placement en quatre pour cent de 1,625,000 fr., toutefois, la valeur intrinsèque du capital social avait éprouvé dans le même intervalle une diminution de 1,686,250 fr.

Hâtons-nous d'ajouter que les mesures dangereuses dont nous venons de parler sont presque retombées à l'état de lettre morte. Les fonds publics redescendirent bientôt à leur premier cours, et les statuts de 1816 perdirent ainsi leur importance pratique. Mais ils existent, et c'est déjà trop ; car le retour des mêmes circonstances pourrait une autre fois leur donner une application plus large. Ils pourraient alors finir par compromettre la sécurité de l'association.

Nous avons vu, dans ce court historique, l'*Équitable* anglaise monter successivement, dans l'espace de quatre vingt-six années, au plus haut rang des établissements financiers et des Sociétés de prévoyance. Défectueuse et faible dans les commencements, nous l'avons vue se perfectionner et s'agrandir par degrés. Presque toutes les mesures qui pouvaient nuire à sa solidité furent écartées par une majorité compacte. Celles d'une autre nature qui se glissèrent dans sa législation, comme par mégarde, ne tardèrent pas à tomber dans l'oubli. Tant de modération, tant d'équité, tant de barrières élevées contre l'imprudence et le désordre, font espérer que jamais cette utile et magnifique institution ne déviera de la ligne qu'elle a suivie jusqu'à ce jour, et ne compromettra son crédit et sa prospérité par des résolutions inconsidérées.

CHAPITRE III.

Après avoir tracé le tableau sommaire de l'origine et des progrès de l'*Équitable* anglaise et des différents changements qu'elle a éprouvés depuis sa fondation jusqu'à nos jours, il nous semble important de faire connaître les causes de ces changements , qui sont aussi en grande partie celles de sa prospérité.

Élévation des tarifs dans le premier âge de la Société.

Les fondateurs de l'*Equitable Society* , pour la rendre plus solide, firent choix d'une table d'observations qui donnait des probabilités de vie très bornées. Aux primes établies en vertu de cette table, on fit plus tard différentes additions. Elles étaient motivées par certains risques que l'on croyait à tort exister pour les personnes de différents âges. Par ce moyen, les primes, dans plusieurs cas, s'élevèrent au double du taux que l'expérience leur a depuis assigné.

Le tableau suivant pourra donner une idée des bénéfices que la Société se procurait ainsi. On y verra placées en regard les sommes que l'*Équitable* anglaise demandait, en 1771, pour assurer des existences de qua-

torze à cinquante ans, et celles que ses souscripteurs
lui paient aujourd'hui.

Ages.	Primes en 1771.		Primes actuelles.
	Hommes.	Femmes.	
	l. s. d.	l. s. d.	l. s. d.
14	2 17 0	3 3 11	1 17 7
20	3 9 4	3 14 3	2 3 7
23	3 14 0	4 1 5	2 8 1
30	3 18 7	4 4 4	2 13 4
40	4 17 9	3 4 8	3 8 0
49	6 2 5	6 11 0	4 7 10

Au dessus de quarante-neuf ans, les personnes des
deux sexes étaient assurées au moyen d'une prime commune.

Nous avons fait, pour cette dernière catégorie, le
même rapprochement entre les primes anciennes et les
primes actuelles que l'on vient de voir dans le tableau
ci-dessus. Il en résulte, fiscalement parlant, le même
bénéfice pour la Société en 1771.

Or, quelle fut la conséquence de l'emploi d'un pareil
tarif? C'est que pendant les vingt premières années la
Société se vit en possession d'un grand surcroît de revenu. Du reste, l'accroissement de cette réserve, dans
les premiers temps, ne fut empêché par aucune dépense
extravagante ni par aucune répartition prématurée.

Le capital économisé put fructifier sans interruption pendant un certain nombre d'années. On apporta une grande prudence à l'administration des affaires. Les personnes qui s'assuraient à cette époque ne songeaient qu'à pourvoir aux besoins de leurs héritiers naturels, sans qu'aucune d'elles eût l'arrière-pensée de transformer cette mesure de prévoyance paternelle en une spéculation dictée par l'intérêt personnel. Toutes ces circonstances contribuèrent très notablement à l'opulence de la Société.

Déchéances.

On a pu voir, par le précédent paragraphe, que dans le premier âge de l'*Equitable* les primes annuelles étaient beaucoup plus élevées qu'elles ne l'auraient été si les fondateurs avaient choisi des tables de mortalité plus exactes. Il s'ensuivit que pendant un laps de temps considérable les polices eurent peu de valeur, et que souvent même elles n'en avaient aucune.

Il sera peut-être nécessaire d'expliquer ici comment on parvient à déterminer la valeur d'une police. A cet effet, l'on compare, d'un côté, la valeur actuelle de la reversion de la somme donnée, après l'extinction de la tête assurée, et, de l'autre, le produit de la multiplication de la prime annuelle par le nombre d'années de la vie probable, c'est-à-dire par la durée que l'on pourrait assigner à cette vie en cas d'achat de l'assurance; par son prix courant, pour ainsi dire. L'excédant du premier de ces termes sur le second constitue la valeur de la police. Or, comme la valeur de la reversion suit une marche croissante, et que la durée probable d'une existence, en d'autres termes son prix courant, diminue à mesure que cette vie est plus avancée, il arrive nécessairement que la différence dont nous venons de parler devient toujours plus grande, ou, si l'on veut, que la police devient toujours plus précieuse. Mais plus le taux des primes est élevé, plus la supériorité de la valeur actuelle de la reversion sur le produit probable des primes tend à s'amoindrir. On comprend maintenant que, si les primes sont trop élevées, la police, pendant plusieurs années, sera presque sans valeur. Supposons, en effet, qu'un quadragénaire ait été assuré, il y a dix ans, pour la somme de 100 livres sterling, et moyennant la prime annuelle de 3 livres 12 shellings 3 deniers, exigée par l'acte constitutif de l'*Equitable Society*. Il faudra déterminer la valeur de 100 livres, payables au décès d'une personne de quarante ans, l'intérêt étant de 3 pour 100, et la mortalité calculée d'après la table de Northampton. Cette valeur s'exprimera par le chiffre 53.84. D'un autre côté, la valeur de l'assurance d'un quadragénaire, plus une unité, l'assurance étant supposée actuellement payable, est égale à 15.848. Multiplions cette dernière quotité par 3 livres 12 shellings 3 deniers, taux de la prime : nous aurons pour produit 57.25. Ainsi, loin que la police de ce souscripteur ait acquis aucune valeur dans l'espace de dix années, il serait, s'il était obligé de continuer son assurance dans ces termes, il serait, disons-nous, le débiteur de la Société, jusqu'à concurrence de 3 livres 8 shellings. Mais, au contraire, d'après les tarifs actuellement en usage, la Société serait sa débitrice pour une somme de 100 livres 11 shellings.

Si l'assurance avait été faite à l'âge de vingt ans, et le prix de la police établi à trente, les primes, dans ce cas, étant chargées en raison du risque de jeunesse, ou de quelque autre de ce genre, auraient constitué l'assuré débiteur de la Société pour le montant de 10 livres sterling. Même à l'âge de quarante ans, c'est-à-dire après vingt annuités payées, sa police n'aurait pas acquis une valeur de plus de 3 livres. Par contre, sous l'empire des tarifs actuels, le prix courant de ce titre, aux deux époques que nous avons posées, aurait été de 8 livres 16 shellings pour la premiere, et de 19 livres 6 shellings pour la seconde.

On jugera, par ces exemples, du peu de valeur qu'avaient les polices dans les premiers temps de l'existence de la Société. Souvent il arrivait que de nouvelles circonstances domestiques changeaient les idées d'un souscripteur, et que, n'ayant plus besoin de l'assurance, il désirait discontinuer ses versements. En ce cas, la plupart des sociétaires abandonnaient purement et simplement leurs droits. Dans la règle, plus de moitié des assurances faites pour la vie entière étaient frappées de nullité. La Société n'avait rien à payer sur ces contrats, quoiqu'elle en eût retiré plusieurs primes. Et que l'on ne croie pas que cette incurie des assurés cesse le jour où le taux des primes est réduit. Non, c'est en vain

que l'application de la table de Northampton rend leurs
charges moins lourdes ; c'est en vain que l'administration déclare que toute police cédée par son propriétaire
sera désormais payée à sa pleine valeur : long-temps en
core après que la situation fut ainsi changée., les souscripteurs continuèrent de se montrer indifférents à leurs
propres intérêts. Entre 1770 et 1787, le nombre des
déchéances, année moyenne, atteignit le chiffre de 125.
C'était près de la septième partie des assurances. Plus
tard encore, il se maintint presque dans la même proportion. Mais, à la fin, l'accroissement de la valeur des
polices, rendu manifeste par les fréquentes additions que
la Société faisait aux créances, donna l'éveil à ses membres. Au lieu d'abandonner leurs titres, comme par le
passé, ils songèrent à les vendre à l'administration, qui
leur en offrait un bon prix. A partir de l'an 1800, époque de la sixième addition, le montant des sommes annuellement payées par la Société pour achat de polices
devint très considérable. Il ne fit qu'augmenter pendant
le premier quart du XIXe siècle. Mais depuis une ving-
taine d'années, les assurés s'y prennent d'une autre manière pour réaliser leur intérêt : ils aliènent leurs polices,
soit en vente publique, soit en les cédant à une Société
commerciale qui s'est donné pour mission d'acheter les
reversions des établissements d'assurances.

L'achat de polices fait dans l'intention de payer les
annuités futures, et par des personnes qui n'ont pas un
intérêt immédiat dans la vie assurée, peut-il être considéré comme un acte légal en Angleterre ? M. Morgan

n'a pas osé résoudre cette question ; mais il paraissait pencher pour la négative. Il citait même une décision judiciaire qui peut être considérée comme un précédent. Toutefois il est peu probable, comme il l'ajoutait lui-même, que les Compagnies anglaises voulussent s'armer de cette exception pour refuser le paiement d'une dette.

Mais, lors même que l'*Equitable Society* ne trouverait pas de concurrent pour l'achat de ses polices, la seconde source de ses anciens profits n'en serait pas moins tarie comme la première. Aujourd'hui la déchéance d'un souscripteur est un fait d'autant plus rare, qu'ainsi que nous l'avons dit plus haut, les titulaires de ces contrats ont toujours la faculté de les vendre au pair.

Cours élevé des fonds publics.

Pendant une grande partie de l'existence de la Société, l'Angleterre fut engagée dans des guerres extérieures. Cette situation politique du pays atteignait le crédit public, et donnait aux particuliers l'occasion de placer très avantageusement leurs capitaux en rentes. Elle a donc contribué, dans une grande mesure, à l'augmentation et à l'importance actuelle de la réserve de l'*Equitable* anglaise. Entre les années 1777 et 1786, le cours moyen du 3 pour cent anglais fut de 60 pour cent à peu près. De 1796 à 1816, le taux de cette même dette, en moyenne, ne s'éleva pas à 63 pour cent, c'est-à-dire qu'il demeura de 24 pour cent environ au dessous du cours actuel.

Il serait dangereux de se fier à des avantages de ce genre. De nouvelles guerres peuvent rabaisser la valeur des fonds publics. Elles peuvent la faire descendre à moitié, plus bas encore, et chacun conviendra que ce serait une insigne folie que d'engager un intérêt sérieux sur une propriété aussi incertaine. Il importe dès lors d'assigner son véritable caractère à l'accroissement de la réserve qui est résulté de l'amélioration du crédit de l'État. Cet accroissement est un fait accidentel. Il ne prouve pas plus en faveur de la constitution de la Société, qu'une diminution de capital occasionnée par la dépression de la dette nationale n'aurait prouvé contre cette même constitution. Sans donc tirer de l'augmentation dont nous venons de parler des conséquences hasardées, il nous suffira de la citer comme une des causes qui ont produit l'opulence actuelle de l'*Equitable*.

Taux actuel des primes.

Ne l'oublions point : toutes les causes que nous avons énumérées comme ayant contribué si puissamment à la prospérité de cette institution de prévoyance n'exitent plus aujourd'hui au même degré. Les primes ont été réduites, et dans une assez grande proportion. Les polices ne sont presque plus frappées de déchéance, et les achats en fonds publics, opérés au cours actuel, seront, suivant toute probabilité, plutôt désavantageux que favorables à la Société. Toutefois il existe encore pour elle un élément notable de richesse et de sécurité. C'est la différence en plus entre l'élévation des probabilités de vie parmi ses membres et celle adoptée dans la table qui sert de base aux tarifs. Encore ne faut-il pas perdre de vue que même les bénéfices puisés à cette source sont de leur nature assez limités. Pour une Société qui ne compte dans son sein que des personnes jeunes encore, et différant de la masse du genre humain sous le rapport de l'âge, le cours de la mortalité sera nécessairement plus bas qu'il ne peut l'être dans une table comprenant des vies de tous degrés. Cette inégalité ne laissera pas d'être frappante pendant la première jeunesse de l'association, mais de jour en jour on la verra décroître. Plus l'existence de la Société se prolongera, moins la différence entre sa mortalité particulière et la mortalité générale se fera sentir. A la fin, le temps aidant, le niveau s'établira. La réunion des assurés deviendra semblable, sous le rapport de la longévité, à toute autre communauté d'hommes. Elle subira les lois ordinaires de statistique. En veut-on un exemple? Que l'on jette les yeux sur ce tableau des décroissances de la vie observées dans l'*Equitable* anglaise de 1817 à 1829.

Ages.	Nᵒˢ d'ordre.	Décès survenus.	Décès qui auraient dû avoir lieu.
de 20 à 30 ans	4,720	29	68
de 30 à 40 ans	15,951	106	243
de 40 à 50 ans	27,072	201	506
de 50 à 60 ans	23,307	339	545
de 60 à 70 ans	14,705	426	502
de 70 à 80 ans	5,056	289	290
de 80 à 95 ans	701	99	94

Il est assez commun dans l'*Équitable* de Londres de voir plusieurs polices placées sur une seule et même tête ; observation importante, mais généralement négligée dans les calculs de ce genre. Cette erreur était grave par ses conséquences : aussi la trouve-t-on rectifiée dans notre tableau. Il est le seul qui résume exactement les décroissances de la vie dans cette grande Société. Nous ne croyons pas cependant qu'il puisse être d'une utilité pratique, du moins pour les existences au dessous de cinquante ans. En vertu de ce tableau, les décroissances de vie à tout âge, d'après les tables et parmi les sociétaires, sont dans le rapport de deux à trois. S'il avait été basé sur le nombre des assurances, les mêmes décroissances auraient été dans la proportion de cinq à neuf.

La conclusion que nous avons à tirer de ces chiffres, c'est que les probabilités de vie, dans l'*Équitable Society*, sont fort au dessus de celles de la table de Northampton, mais qu'elles s'en rapprochent continuellement aux époques les plus avancées de l'existence, et qu'en arrivant à l'âge auquel il n'est plus admis de nouveaux membres, les unes et les autres atteignent à peu près le même niveau.

Administration.

Nous avons dit les causes matérielles de la prospérité de l'*Équitable ;* il ne faut pas oublier tout ce qu'elle doit au zèle et au dévoûment de ses directeurs. Livrée en des mains inhabiles ou inexpérimentées, elle aurait pu périr, malgré tous ces éléments de succès. Tant que les qualités éminentes déployées par les derniers directeurs se rencontreront dans les hommes qui administrent cette grande et philanthropique institution ; tant que leurs propositions aux assemblées générales porteront le même caractère de sagesse, et tant que ces assemblées continueront de placer leur confiance en eux, nous croyons que l'avenir de l'*Équitable Society* sera digne de son passé.

CHAPITRE IV.

ÉCLAIRCISSEMENTS SUR QUELQUES POINTS DES RÈGLEMENTS ET DE L'ADMINISTRATION DE L'ÉQUITABLE SOCIETY.

La principale ressource de la réserve de l'*Équitable*, et l'on pourrait presque dire la seule aujourd'hui, c'est la table d'observations d'après laquelle on établit le tarif des mises. Dans les premiers âges, elle indique des probabilités de vie moins élevées que celles qui existent réellement chez les assurés. Sous ce rapport, il faut en convenir, cette table opère à l'avantage de la Société. Mais on a proposé très sérieusement d'en adopter une, fondée sur ce qu'on appelle l'*expérience de l'Équitable ;* et s'il était possible d'exécuter ce projet, nous sommes fondés à croire, d'après les calculs de M. Morgan, qu'il aurait pour résultat d'établir, à tous les âges, des primes dont le produit suffirait à peine à couvrir les assurances primitives. Les dernières ressources de la Société seraient donc épuisées en peu de temps, et, avec elles, est-il besoin de le dire, s'évanouirait tout espoir de voir faire à l'avenir des additions aux créances.

Presque toutes les assurances, dans l'*Équitable*, sont faites par des personnes de quarante ans et au dessus. De plus jeunes, et surtout de celles âgées de moins de trente ans, il n'en est, proportion gardée, qu'un petit nombre. Ce groupe si mince n'offre pas une base très certaine pour des calculs de probabilité de vie. Au dessous de huit ans il ne se fait pas d'assurances ; il s'en fait très peu au dessous de vingt. De là suit qu'une table fondée sur l'expérience de la Société l'*Équitable*, et destinée à tous les âges, depuis la naissance jusqu'à l'extrême vieillesse, serait entièrement hypothétique au dessous de vingt ans, peut-être même jusqu'à l'âge de trente, et que, plus tard encore, elle deviendrait, jusqu'à certain point, inexacte, par la continuelle adjonction d'assurances nouvelles portant sur des têtes de trente à cinquante ans. Par des raisons que nous avons précédemment fait connaître (1), les probabilités de vie, dans l'*Équitable*, après l'âge de cinquante ans, commencent à se rapprocher de celles adoptées dans la table de Northampton. A soixante ans et au dessus, l'une et l'autre s'accordent assez bien pour qu'il soit permis d'en conclure que toutes les deux sont exactes : dès lors il importe peu de laquelle des

(1) Pages 47 et 48.

deux, à cette époque avancée de la vie, on fasse dériver les primes annuelles. Ainsi, l'expérience de l'*Équitable*, loin d'autoriser aucune Société à réduire ses primes, en raison des plus hautes probabilités de vie qu'elle assigne aux premières périodes de l'existence, montre au contraire, et de la façon la plus évidente, le danger d'une telle réduction.

Entre un certain nombre de têtes choisies et la généralité des hommes, la différence de la mortalité sera, dans le commencement, fort à l'avantage des premières. Mais ensuite elle diminuera constamment et finira par s'évanouir tout à fait, comme nous l'avons expliqué par l'exemple des vies de longue durée dans la Société l'*É-quitable*. Si donc un établissement de ce genre, à son début, se laissait séduire par l'élévation des probabilités de vie de ses membres, au point soit de réduire ses primes, soit de tarir ses ressources par quelque mesure violente, les résultats, pour ne pas se faire immédiatement sentir, n'en seraient pas moins funestes à la longue.

Il ne nous appartient pas de discuter ici les suppositions que l'on a faites dans ces derniers temps sur l'amélioration de la santé et de la longévité humaines. Elles manquent jusqu'à ce jour de toute preuve solide, et rien ne serait plus fâcheux que de les voir légèrement adoptées par un établissement de la nature de l'*Équitable*. Dans ce dernier, depuis l'époque de sa fondation, il ne s'est vu qu'une seule personne dont la vie se soit prolongée jusqu'à quatre-vingt-quatorze ans. On n'y a compté que peu d'exemples de sociétaires survivant à quatre-vingt-dix. Le nombre total des nonagénaires, en 1829, n'était que de sept ou huit. Et quoi qu'il en soit des calculs de la statistique moderne en matière de longévité, l'expérience de l'*Équitable* est loin de les confirmer.

D'après elle, une personne de quatre-vingt-seize ans a la chance de vivre encore une année, et pourtant cette probabilité ne s'est jamais réalisée dans l'*Équitable*. Mais ce n'est rien qu'une aussi légère inexactitude auprès de celle de la table de Carlisle, par exemple, qui donne aux personnes de cet âge trois ans et neuf mois de vie probable.

Nous savons bien de quel argument on s'appuie pour justifier le choix de tables indiquant des probabilités de vie plus élevées que celles de la statistique de Northampton. Ce choix, dit-on, doit augmenter considérablement la valeur des anciennes assurances. Mais c'est là une grave erreur. Loin qu'il en soit ainsi, l'adoption d'une table de mortalité trop lente réduit la valeur de chacune des assurances, et particulièrement le prix vénal des additions, en supposant que ces dernières soient rachetées par la Compagnie.

Le tableau suivant indique la valeur qu'auraient, dans cette supposition, soit d'après l'expérience de l'*Équitable*, soit d'après celle de Northampton, des assurances toutes pour la somme de 1,000 fr., mais faites à différents âges et estimées à diverses époques.

Ages primitifs.	Époques.	Valeur d'après	
		l'Équitable.	Northampton.
23	Après 10 ans	122 30	123 67
35	10 ans	154 47	162 58
	20 ans	305 75	312 52
45	10 ans	203 78	211 82
	20 ans	382 27	405 55
55	10 ans	257 50	289 41
	20 ans	513 84	542 94
65	10 ans	388 70	412 08

Supposons maintenant qu'il soit fait une addition de 100 fr. aux assurances ayant dix ans de durée, et une addition de 300 fr. à celles qui existent depuis vingt ans. Voici quelle sera la valeur des unes et des autres :

Ages primitifs.	Époques.	Valeur d'après	
		l'Équitable.	Northampton.
25	Après 10 ans	43 06	50 67
35	10 ans	50 59	57 21
	20 ans	178 70	193 83
45	10 ans	59 60	64 61
	20 ans	204 00	218 70
55	10 ans	68 00	72 90
	20 ans	255 68	245 88
65	10 ans	78 56	81 96

Si donc les sociétaires veulent céder leur intérêt actuel, soit en assurance, soit en addition, plus la table de mortalité qui sert de base aux tarifs sera lente, et plus ils perdront. Or quel effet l'adoption d'une table pareille pourrait-elle avoir sur la situation de ceux qui continueraient leurs assurances? Elle ferait paraître le capital de réserve plus grand qu'il ne le serait en réalité. De la sorte, elle engagerait l'établissement à faire aux créances des additions trop fortes, ce qui romprait l'équilibre au détriment des sociétaires admis dans les séries nouvelles.

Si les primes étaient calculées d'après l'expérience de l'*Équitable*, le revenu annuel de la Société souffrirait une diminution de plus de 2,750,000 fr. Dans ces circonstances, elle ne serait probablement plus en état ni de faire aux créances des additions ultérieures, ni même de payer celles déjà faites. Dans tous ses Rapports à l'assemblée générale, M. Morgan s'est prononcé contre la réduction des primes, et l'expérience de chaque année a corroboré son opinion.

Le public anglais s'est beaucoup occupé de l'*Équitable* depuis qu'il a vu le capital de cet établissement s'accroître et ses membres bénéficier dans une étonnante proportion. Elle avait eu les commencements les plus modestes, et graduellement elle était devenue une des Sociétés les plus riches et les plus importantes du pays. Cet exemple encourageant devait donner naissance à une quantité d'établissements analogues. Il devait répandre ainsi la connaissance d'une matière que jusque là peu de personnes avaient étudiée et comprise. En tant que ces établissements nouveaux sont fondés sur des principes justes, et qu'ils sont dirigés avec prudence, nul doute qu'ils ne soient d'une grande utilité. Malheureusement il n'est pas rare de voir l'esprit de concurrence et d'innovation dévier du véritable objet de l'assurance sur la vie, et la remplacer par une spéculation purement industrielle. L'assuré, dans ce cas, n'a plus en vue l'intérêt de ses héritiers, mais le sien propre. Il oublie l'avenir de sa famille pour ne songer qu'à sa satisfaction présente et personnelle. Une fois que les sociétaires sont animés de cet esprit, l'établissement ne peut plus résister aux sollicitations qui l'entourent. Il est alors contraint, par l'entraînement du nombre, à faire à sa réserve des soustractions trop fréquentes et presque toujours prématurées. L'*Équitable* eut le bonheur d'échapper à ce péril. Aucune ambition étrangère au but de sa fondation n'est venue contrarier sa croissance et ses progrès dans les premiers temps de son existence. Espérons qu'il en sera toujours de même, et que son assemblée générale n'oubliera jamais qu'aucune réserve, quelque considérable qu'elle soit, ne peut garantir le crédit et la sécurité d'une institution dont les membres se laissent conseiller par l'égoïsme.

Il n'est pas de notre sujet d'apprécier le mérite des nombreux établissements d'assurances sur la vie qui se sont récemment formés en Angleterre; mais nous ne pouvons nous empêcher de dire que nous avons été surpris et scandalisé de voir plusieurs d'entre eux se poser en maîtres vis-à-vis de l'*Équitable* et afficher la prétention de lui donner des exemples, tandis qu'ils suivaient une route directement opposée à celle qui avait conduit l'*Équitable* à sa haute et solide position. Il serait vraiment regrettable de la voir, à l'imitation de quelques unes de ces Sociétés nouvelles, acheter des agents au prix d'une commission de cinq pour cent payée sur toutes les assurances qu'ils apporteraient à la Compagnie. Il ne serait pas moins fâcheux de lui voir ajouter encore cette dépense à une réduction des primes annuelles. Il serait également déplorable de lui voir promettre à ses souscripteurs des bénéfices qu'en de telles circonstances il est impossible de réaliser. Ou bien, aimerait-on mieux que l'*Équitable*, descendant aux subterfuges, prétendît déterminer la vie probable d'une personne selon qu'elle est affectée d'une de ces maladies incurables comme les asthmes, les hydropisies, les paralysies, afin d'établir la prime au moyen de laquelle il convient d'assurer son existence ?

Quant aux critiques dont la gestion de l'*Équitable* a quelquefois été l'objet de la part d'écrivains anonymes appartenant à la presse périodique du pays, elles accusent une profonde ignorance de la matière, et ne méritent aucune attention. Les mesures réprouvées par ces auteurs sont précisément celles qui tendaient à sauvegarder les intérêts de la totalité des membres. Mais nous devons nous arrêter quelques instants à l'opinion d'un homme dont les jugements reçoivent une signification plus haute de ses talents bien connus en Angleterre, et de la notoriété de son nom. Nous voulons parler de M. Babbage. Cet économiste a publié récemment un ouvrage sur les différents établissements d'assurance humaine. Il a porté contre l'*Équitable* des accusations dont il se serait certainement abstenu s'il avait mieux connu les règlements et l'administration de cette Société.

Ainsi, pour citer un fait assez significatif, cet écrivain affirme à tort que l'*Équitable* possède un capital mobilier considérable, qu'elle dérobe à la connaissance du public. L'assertion est d'autant moins fondée que cet établissement, quelque imparfait qu'il fût dans le principe, s'est toujours distingué par l'amour de la publicité. Les comptes de l'*Équitable* sont vérifiés chaque trimestre dans leur ensemble et dans leurs moindres détails. Tous les articles de recette et de dépense sont alors fidèlement soumis aux vérificateurs, ainsi que le montant du capital placé durant le dernier intervalle trimestriel, soit en fonds publics, soit en créances hypothécaires. Toute fraude ayant pour objet d'augmenter ou de diminuer en apparence le chiffre de ce capital serait donc immédiatement découverte. M. Morgan a déclaré que pendant l'exercice de ses fonctions, qui ont été de si longue durée, il n'a jamais eu connaissance d'une erreur ou d'une omission de cinq shellings dans les comptes. Et toutefois, pendant plusieurs années, la recette et la dépense, prises simultanément, se sont élevées au chiffre de 37,500,000 fr. Les directeurs de l'*Équitable* n'ont jamais caché aux sociétaires aucune des particularités que ceux-ci pouvaient avoir intérêt de connaître. Quant au public, en n'y comprenant pas les membres de la Société, rien ne les obligeait à l'instruire des opérations d'une institution privée. Néanmoins, l'illustre secrétaire auquel nous empruntons ces renseignements a voulu rendre tous ses concitoyens juges des accusations portées contre l'*Équitable*, et nous

pouvons dire que sa défense nous a complétement satis-
faits. Il paraît, entre autres, par l'ouvrage auquel nous
faisons allusion, que les assurances temporaires ne s'é-
lèvent pas, dans l'*Équitable*, à la centième partie des assurances perpétuelles, c'est-à-dire de celles où le souscripteur verse une prime annuelle jusqu'au jour de son
décès, et, par conséquent, au bénéfice de ses héritiers
naturels ou adoptifs. Les assurances sur la vie d'autrui
ne forment qu'une partie très secondaire des opérations
de la Société. Ce sont presque toutes des assurances
sur la tête même du souscripteur, et celles-ci sont de la
nature la plus sacrée, puisqu'elles ont pour but l'accom-
plissement des devoirs les plus impérieux de la famille.

Il serait impossible, autant qu'inutile, de soumettre
aux membres de l'*Équitable*, à la fin de chaque année,
un compte exact de la situation sociale. Ce grand travail
n'a donc lieu que tous les dix ans, et ce terme est tout à
fait suffisant en pratique. Alors il est rendu le compte le
plus minutieux du nombre, du montant et de la valeur
actuelle des assurances et des additions. La direction fait
également connaître le chiffre et la valeur présente des
primes annuelles, l'importance du capital, et tous les autres articles de dépense et de débit. Par cet exposé, les
sociétaires peuvent se convaincre, de la manière la plus
précise, du montant de la réserve à l'expiration de chaque période décennale. On a prétendu cependant que ces
comptes étaient présentés d'une manière trompeuse.
Mais quel intérêt la direction pourrait-elle avoir à dissimuler la vérité? Loin d'être insolvable ou compromise,

la Société se trouve dans la situation la plus florissante. Les hommes qui l'administrent se sont toujours montrés disposés à donner sur ce sujet tous les renseignements en leur pouvoir. Ils ont compris que plus la position de la Société serait connue, plus on approuverait, plus on admirerait même la sagesse et la justice de sa conduite. Il est triste de voir un homme du mérite de M. Babbage commettre d'aussi graves erreurs. Il donne un tableau fort inexact des additions faites, à différentes époques, aux créances existant contre l'*Équitable*, et les conclusions qu'il en déduit sont plus irrégulières encore. Il prétend que les répartitions de 1810 et de 1820 ont été inférieures aux précédentes, et donne pour raison de ce prétendu fait que l'*Équitable* a mis en réserve, à ces deux dernières époques, plus d'un tiers de ses bénéfices. Examinons maintenant les pièces. Nous trouverons que les répartitions de 1810 et de 1820 ont dépassé celles de toutes les époques antérieures, et que la valeur des additions a été quatre fois plus grande en 1810 qu'en 1800, deux fois plus grande en 1820 qu'en 1810.

Il en est de même de toutes les autres objections de M. Babbage. Il accuse encore l'*Équitable* d'avoir induit le public en erreur sur la valeur des bénéfices distribués par elle. Il veut que les 50 millions de francs suivant lui répartis entre les plus anciens sociétaires, en 1820, n'aient réellement représenté que les deux tiers de cette somme, parce qu'ils n'étaient payables qu'au décès des têtes assurées. Le fait est que soixante-quinze millions furent ajoutés aux créances dans ladite année; qu'ils valaient à cette époque 52,816,700 fr., et que les additions de 1840, au chiffre nominal de 49,650,000 fr., avaient dès lors une valeur effective de près de vingt-cinq millions. Et d'ailleurs, il ne faut pas perdre de vue que la Société n'a jamais prétendu distribuer parmi ses membres le montant, mais seulement la valeur des additions.

Citons encore une erreur dans laquelle est tombé M. Babbage. Il est bon de savoir que, même chez les Anglais, à qui les assurances sont depuis si long-temps familières, des hommes spéciaux peuvent encore en méconnaître les principes. Leur exemple renferme un avertissement qu'il nous convient de méditer. Pour créer cette utile institution dans notre patrie, il nous faut encore plus de circonspection qu'il n'en faut à nos voisins pour la conserver chez eux. En Angleterre l'épargne testamentaire est fondée. L'*Équitable Society* se montre digne de son nom. Elle jouit d'un crédit illimité, et tant qu'elle ne l'aura point compromis par ses propres fautes, elle pourra braver toutes les critiques, quels qu'en soient les auteurs. La partie éclairée de la nation lui restera toujours favorable. Mais, en France, l'opinion sur cette matière est plus sujette à s'égarer. Les questions d'épargne collective nous sont encore presque inconnues. Les préjugés à cet égard nous sont faciles; et, comme ils deviendraient funestes à l'un des plus importants progrès de la civilisation, nous ne saurions trop éclaircir les points obscurs de ces sortes de fondations, qui, même en Angleterre, ont quelquefois divisé les esprits.

N'est-il pas étrange, par exemple, de voir l'écrivain que nous avons déjà cité reprocher à l'*Équitable* de distribuer sa réserve d'une manière inégale? D'après lui, cet établissement favoriserait les membres anciens au détriment des nouveaux. Mais il se met en contradiction avec lui-même. Dans une partie de son livre, il affirme que plus les assurés sont avancés en âge, et plus l'éloignement des époques de répartition, qui sont, comme on sait, décennales, devient funeste à leurs intérêts. Plus loin, il dit au contraire que ceux qui vivront le plus long-temps trouveront leur profit à ces longs intervalles, et cette fois il est dans la vérité. Mais pourquoi donc n'en serait-il pas ainsi? Sur deux assurances d'égale durée, c'est la personne assurée à l'âge le plus avancé qui devient intéressée pour la plus forte part dans le capital social. Il est bien juste que sa quote part dans la réserve soit plus grande que celle d'un assuré plus jeune. Expliquons cette différence par quelques chiffres. Une assurance de 1,000 francs, contractée sur la tête d'une personne de soixante ans, vaudra 346 francs au bout de dix années. Par contre, une assurance pour la même somme, mais reposant sur la vie d'une personne de trente ans, n'aura qu'une valeur de 142 francs après le même intervalle. Si donc on voulait observer la stricte équité, la valeur des additions diverses devrait être maintenue dans la proportion de ces deux quotités.

La part proportionnelle qui revient à chacun dans le montant de la réserve ne dépend pas moins de la *date* de l'assurance que de l'*âge* de l'assuré. Il peut donc ar-

river que les additions faites à l'assurance de la plus jeune
des deux têtes soient d'une valeur plus considérable que
celles de la plus âgée. Supposons deux assurances de
1,000 francs chacune, souscrites, l'une il y a dix ans,
sur une tête de trente, l'autre, il y a cinq ans seulement, sur une tête de cinquante ans. Pour la première,
les additions d'un pour cent formeront 100 francs ; elles
n'en feront que 50 pour la seconde. La valeur respective de ces additions sera donc de 53 francs 80 cent. et
32 francs 30 cent. On voit que la comparaison est
fort à l'avantage de la plus jeune des deux existences. Mais les calculs suivants donneront peut-être une
idée plus claire de cette question. Cinq personnes ont
été séparément assurées à l'âge de trente ans, pour 1,000
francs chacune. Elles ont aujourd'hui quarante, cinquante, soixante, soixante-dix et quatre-vingts ans.
L'intérêt que ces personnes ont dans leurs assurances
respectives est de 142 fr. 30 cent. pour la première,
de 236 fr. 50 cent. pour la seconde, de 393 fr. 50 cent.
pour la troisième, de 573 fr. 20 cent. et de 747 fr. 60
cent. pour les deux dernières. Ajoutons maintenant un
pour cent pour chaque prime versée. La somme additionnelle assurée sur la plus jeune de ces existences,
âgée de quarante ans, sera de 100 francs, valant aujour-
d'hui 53 fr. 80 cent. Celle de la tête de cinquante ans
sera de 200 francs, valant 121 fr. 70 cent. Celle de la
tête de soixante formera 300 francs, qui vaudront actuellement 205 fr. 80 cent. L'addition du septuagénaire,
au chiffre de 400 frans, en vaudra 309 plus 90 cent. à

l'instant même, et le surcroît d'assurance de l'octogénaire s'élèvera jusqu'à 500 francs, qui ne représenteront actuellement que 360 fr. 70 cent. Le total de ces additions est égal à 1,500 francs, et leur valeur présente à 1,120 francs environ. Nous diviserons cette somme entre les cinq assurés, proportionnellement à leurs divers intérêts. La part due au quadragénaire sera donc de 76 fr. 16 cent. ; celle du quinquagénaire, de 126 fr. 54 cent. ; celle du sexagénaire ira jusqu'à 210 fr. 54 cent. ; et enfin l'assuré de soixante-dix ans devra recevoir 306 fr. 7 cent. ; celui de quatre-vingts ans, 400 francs. Ces divers éléments de répartition, hormis le premier, concordent assez exactement avec les sommes qui leur sont réellement assignées. Mais tous ces calculs sont faits dans la supposition qu'il n'existe pas d'additions antérieures. Or, il en est autrement dans l'*Équitable*. Si nous admettions qu'une addition d'un pour cent eût été décrétée dix ans avant la souscription de ces assurances, en ce cas leur valeur proportionnelle devrait être de 56, de 116, de 207, de 315 et de 426 francs. Ces chiffres correspondent presque rigoureusement à la valeur des différentes additions. Nous pourrions mener plus loin cette hypothèse, et poser le cas où d'autres additions auraient été faites il y a vingt ou trente ans. Alors les sommes assignées aux anciens membres, au lieu d'être plus fortes, seraient trouvées plus faibles qu'elles ne devraient l'être en proportion de l'intérêt que ces assurés de longue date possèdent dans le capital social. Au fait, c'est là le seul procédé de répartition qui puisse donner des résultats corrects. Dans un cas aussi complexe il est impossible, à moins d'un travail immense, d'opérer une distribution de la réserve qui donne à chacun des membres la somme précise à laquelle il a droit. M. Morgan, qui s'est appliqué pendant toute sa vie à perfectionner le système des répartitions, n'a pas trouvé de méthode pratique plus exacte que celle qui consiste à faire des additions aux créances. Il disait n'en pas connaître de plus dangereuse que la division immédiate des bénéfices.

En effet, si cette division avait lieu tous les ans, et si l'on partageait aux membres la totalité de la réserve, comme le demande M. Babbage, la Société demeurerait dans un état continuel d'indigence. Nous avons déjà prouvé par des exemples le puissant effet d'amoindrissement que ces additions ont sur le capital. Ajoutons ici que la valeur d'une addition faite en 1820, et qui n'était que d'un pour cent, s'est élevée, au bout de quelques années, à 21,250,000 francs. Et vraiment, à tant que d'augmenter le chiffre des assurances, on ne saurait le faire avec plus de modération.

Ne distribuât-on qu'une partie de la réserve, et le restant dût-il encore fructifier, le mal, en admettant qu'il existe, ne serait pour cela qu'atténué. L'objection qui consiste à dire que les survivants les plus âgés recueilleraient les plus grands bénéfices, en supposant que cette objection soit valable, n'en conserverait pas moins une partie de sa force. Pour opérer des répartitions annuelles, il n'y a que trois moyens : diviser immédiatement les bénéfices, réduire les primes, et faire tous les ans des additions aux créances. Tous ces moyens sont ruineux pour la Société. Ils ne diffèrent entre eux que par la manière dont ils la ruinent : le premier, en épuisant sa réserve, l'autre en dissipant son revenu, le dernier en détruisant son capital.

Pour déterminer le chiffre de la réserve, ou pour la distribuer de quelque façon que ce soit, d'après les règles de l'équité, il est indispensable de reconnaître d'abord quel est l'intérêt de chacun des membres dans son assurance. Il faut ensuite diviser la réserve en proportion de cet intérêt. Ce n'est pas tout : les âges et le nombre des assurés variant chaque année, il est nécessaire de répéter cette opération avant chaque répartition. Et quiconque s'est occupé de ces sortes de travaux n'hésitera pas à déclarer qu'un système qui entraîne de pareils calculs est impraticable. Or, il l'est surtout dans l'*Équitable Society*. Les additions aux assurances qui ont eu lieu dans cet établissement à différentes époques, celles qui doivent arriver encore, et plusieurs circonstances particulières dans le détail desquelles nous ne pouvons entrer, mettraient l'administration de cet établissement dans la nécessité de faire un calcul séparé pour chaque assurance.

Il résulte de l'examen auquel nous nous sommes livré, que l'*Équitable* a toujours maintenu la plus grande égalité possible dans la situation de ses différentes catégories de souscripteurs, et que, dans l'ordre de ses répartitions, elle s'est constamment tenue à distance égale de

l'avarice et de la prodigalité. Loin de rechercher le mystère, elle a répandu, dans l'espace de dix années, plus
de vingt mille exemplaires de la brochure qui renferme
l'exposé de ses règlements et de ses conditions. Une
telle publicité paraîtra considérable si l'on songe que, par
le chiffre d'assurance qui forme actuellement le cens des
membres ayant droit de voter aux assemblées générales,
cet établissement n'intéresse plus, directement au moins,
que l'élite financière de la nation. Ses détracteurs, qui,
du reste, nous l'avons dit, n'ont trouvé de sympathie
que dans la partie la moins éclairée du peuple anglais,
n'auraient-ils pas dû s'arrêter devant le souvenir des
services que l'*Équitable* a rendus, et devant la considération de ceux qu'elle rend encore tous les jours à des
milliers de pères de famille?

Les changements apportés à la constitution de l'*É-
quitable* n'ont point été dictés par l'égoïsme ou par l'esprit de corps. Les nouveaux membres arrivaient en
foule. Il y avait long-temps déjà que leur nombre augmentait dans une proportion très rapide, et cette accession illimitée alarmait tous ceux qui s'intéressaient à
la durée de l'établissement. Dans l'intérêt des membres
futurs comme dans celui des membres actuels, on résolut de tracer à la Société des limites qui l'empêchassent
de tomber dans le gigantesque, et d'échapper à toute
discipline. Les assurés les plus sensés voyaient avec
effroi la réception annuelle de sept ou huit cents sociétaires nouveaux dans une institution que la plupart ne
recherchaient que dans l'intention d'en envahir la ré-

serve sans y avoir contribué. Il était visible que, par la force du nombre, ces nouveaux venus opprimeraient bientôt les anciens membres, et feraient adopter des lois de répartition qui deviendraient fatales à l'existence même de l'*Équitable*. On a conjuré fort judicieusement ce péril. Les mesures prises en 1816 ont donné tous les résultats attendus par leurs promoteurs. Elles n'ont eu aucun des inconvénients que redoutaient leurs adversaires. Le nombre des assurances est resté le même, et c'était là un des grands objets de la nouvelle législation. Il eût été également fâcheux de le voir augmenter ou décroître. Les droits des anciens membres ont été sauvégardés. Et, s'il est permis de préjuger de ce qui sera par ce qui fut, chaque souscripteur assuré à partir de 1816 et au dessous de l'âge de cinquante-quatre ans, recevra, dans la personne de ses héritiers, plus que le montant de ses primes et de leurs accroissements, lors même que son décès aurait lieu avant l'époque où il devait entrer dans la catégorie privilégiée. Il est donc extrêmement injuste de parler, comme on se l'est permis quelquefois, des pertes que ces souscripteurs auraient éprouvées, et du tort qui serait fait à leurs familles. La Société ne peut pas avoir retiré le moindre profit d'une assurance avant l'époque où l'assuré commence à participer à la réserve. Soit donc qu'un souscripteur survive ou qu'il vienne à mourir antérieurement au jour fixé pour son admission dans la classe des assurances augmentées, il sera toujours vrai que ses représentants bénéficient par le fait de son passage dans la Société.

DEUXIÈME PARTIE.

CHAPITRE PREMIER.

PRINCIPES DE L'ASSURANCE MUTUELLE EN CAS DE MORT.

Nous avions promis, dans l'Introduction de cet ouvrage, de raconter l'origine et les progrès de l'assurance humaine dans le pays où cette institution salutaire a reçu les plus grands développements ; nous avions annoncé que nous donnerions une attention particulière à l'établissement qui, par son importance et sa perfection sans égales, est arrivé depuis long-temps à personnifier, pour ainsi dire, cette branche de l'économie sociale dans le Royaume-Uni. Ces engagements ont été tenus. Nos lecteurs connaissent maintenant l'*Équitable* de Londres. Les points obscurs de la pratique et de l'administration de cette Société-modèle sont éclaircis pour eux. Les embarras que l'*Équitable* éprouva dans l'origine, les circonstances exceptionnelles qui contribuèrent à l'enrichir, celles plus normales qui maintien-

nent aujourd'hui sa fortune, tous ces détails, si nécessaires à l'instruction de la France, leur ont été signalés.
Si nous avons encore à nous occuper plus tard de l'*É-
quitable*, ce sera pour décrire sa constitution ou pour lui
demander incidemment des lumières.

La partie historique de notre travail est donc terminée.

Toujours fidèles à notre programme, nous allons passer à la partie théorique, et nous occuper, dans ce chapitre et dans ceux qui suivront, des assurances considérées comme moyen de constituer l'héritage ; de la
forme qu'il convient de donner à leur organisation, et
des principales applications qu'elles peuvent recevoir.

Le terme d'*assurance sur la vie humaine*, quoique
assez répandu, donne encore lieu très souvent à des in-
terprétations incorrectes et confuses. Commençons par
le définir, d'abord dans sa généralité, ensuite dans les
deux acceptions opposées dont il est susceptible.

L'assurance sur la vie humaine est un contrat entre
deux parties, dans lequel il y a garantie d'une part,
moyennant contribution de l'autre. La partie garante
s'appelle l'*assureur*, et la partie contribuable l'*assuré*.
Cet assureur peut être un capitaliste ou une société de
capitalistes, traitant à forfait avec les assurés. Mais l'assurance peut également être faite par le corps des assurés lui-même, bénéficiant des cotisations de ses membres et se constituant responsable envers chacun d'eux.

Ces deux systèmes sont connus, le premier sous la dénomination peu régulière d'*assurance à primes fixes*, à

laquelle nous proposons de substituer celle d'*assurance commerciale*, et l'autre sous le nom parfaitement convenable d'assurance mutuelle.

L'assureur, dans le système commercial, garantit à l'autre partie, en retour de sa contribution, soit une somme unique, soit une pension temporaire ou viagère. Le paiement de cette somme ou de cette pension peut dépendre du décès de l'assuré, ou de sa survie à une époque donnée.

Dans le système mutuel, la Société, qui se fait assureur, promet également à ses membres, en cas de mort ou de survie, une somme unique ou divisée en annuités; mais, au lieu d'en déterminer le chiffre, comme fait la compagnie commerciale, elle en règle d'avance le mode d'évaluation. On verra tout à l'heure la raison de cette différence.

Ainsi donc, assurance en cas de survie, assurance en cas de mort, tels sont les objets divers que peut avoir un contrat reposant sur les chances de la vie humaine. Les opérations de la première espèce sont pratiquées en France d'après le système du forfait et d'après celui de la mutualité. Mais l'assurance payable au décès ne se fait encore, chez nous, que par des compagnies propriétaires.

Il n'est pas dans notre sujet d'examiner le mérite des deux procédés à l'égard des contrats soumis à la clause de survie. Nous n'avons à nous en occuper ici qu'afin d'expliquer pourquoi, la mutualité s'étant emparée avec un plein succès de l'une des deux branches de l'assurance humaine, elle est néanmoins jusqu'à ce jour restée étrangère à l'autre.

En général, le souscripteur, dans l'assurance en cas de survie, ne cherche pas tant à se faire garantir pour l'échéance du contrat une somme déterminée, qu'à se procurer à cette époque la plus forte somme possible. La plupart des assurables de cette catégorie préfèrent, au chiffre fixé par la compagnie commerciale, la part indéterminée, mais devant être nécessairement plus grande, que leur réserve la mutualité. Cette part, on le sait, doit résulter de la distribution, entre tous les sociétaires survivants et fidèles, de leurs propres mises, de celles des prédécédés, des intérêts capitalisés des unes et des autres, et des intérêts abandonnés par les souscripteurs déchus.

Nous le répétons, la majorité du public préfère une telle perspective à la fixation d'une somme que la compagnie qui traite à forfait est obligée de mettre au plus bas, parce que, sous peine de faillir, elle doit avoir en sa faveur toutes les chances de la mortalité. D'ailleurs, pour constituer à des conditions avantageuses une dot, un fonds d'établissement ou de retraite, il n'est réellement pas nécessaire d'en connaître, à l'avance, le chiffre exact. La simple approximation suffit en pareil cas, et le souscripteur, qui sait que la mutualité rendra tout ce qu'elle peut rendre, n'en demande pas davantage. Mais il en est autrement de l'assurance en cas de mort. Ici, le père de famille qui veut laisser une pension à sa veuve, à ses enfants, ne saurait se contenter d'une promesse approximative. Son décès, à quelque jour qu'il ait lieu, privera d'une grande partie ou de la totalité de ses ressources ordinaires cette famille à qui l'éducation, les devoirs et les engagements de la société ont créé des besoins impérieux. Si la mort du chef doit obliger les membres survivants à réduire leurs dépenses, au moins ont-ils intérêt à connaître le minimum de revenu qui leur restera. Dans ce cas, par conséquent, la fixation de la somme assurée est indispensable ; elle l'est si bien que cette considération l'emporte même sur celle du bon marché. La mutualité s'est toujours brisée contre cet écueil, et voilà pourquoi l'assurance en cas de mort a, jusqu'à ce jour, été dévolue aux compagnies propriétaires ; c'est-à-dire que cette spécialité, demeurée dans la région commerciale, ne s'est pas élevée encore au rang des institutions de prévoyance. Dans ces conditions, elle n'a pu, ni prendre une grande extension, ni donner à ses clients tous les avantages qu'elle comporte.

Nous parlons pour notre pays ; car il y a long-temps que les Anglais ont mis en pratique un mécanisme qui combine les avantages du forfait et ceux de la mutualité. Cette organisation, mixte par la forme, quoique rentrant par le fond dans le système mutuel, n'est autre que celle de la Société l'*Équitable* de Londres. On a vu les résultats que cet établissement a donnés : peu de mots suffiront pour en faire connaître les rouages, car son organisation présente, résultat d'un long travail, est la simplicité même.

CHAPITRE II.

CONSTITUTION DE L'ÉQUITABLE ANGLAISE.

Le principe de l'*Équitable* anglaise est la mutualité.
Ses membres sont assureurs les uns des autres. Toute existence, entre les âges de huit et de soixante-sept ans,
peut être assurée soit pour un certain espace de temps,
soit pour sa durée entière, au moyen d'une somme unique ou d'une prime annuelle, et payable à volonté pendant tout le cours de la vie ou pendant un nombre d'années déterminé.

Les assurances ne peuvent dépasser le chiffre de
125,000 francs, ni être au dessous de celui de 500.
Elles peuvent porter ou sur une seule tête, ou sur deux
têtes réunies, ou sur l'éventualité de survie d'une personne à l'égard d'une autre. Dans le cas où l'assuré se
donne la mort, subit la peine capitale, périt après avoir
passé les frontières de l'Europe ou après être allé sur
mer, en temps de guerre, sans l'autorisation spéciale des
directeurs, ses héritiers perdent le droit de réclamer le
montant de leur assurance.

Toute personne qui désire s'assurer à l'*Équitable* doit
faire connaître son âge, l'état de sa santé, sa profession,
ses occupations habituelles et toute autre circonstance
pouvant influer sur les conditions du contrat. Le souscripteur a la faculté de placer l'engagement sur une au-

tre tête que la sienne. Dans ce cas, il doit déclarer que l'intérêt qu'il a dans la vie assurée est égal au montant de l'assurance. Ces déclarations forment la base de la police, et lorsqu'elles sont trouvées frauduleuses en quelque partie, le contrat est rompu et les sommes versées par le souscripteur sont confisquées au profit de la Société.

Un retard de trente jours dans le versement des primes entraîne la déchéance du souscripteur. Toutefois, le retardataire peut rentrer dans ses droits en acquittant son annuité dans les trois mois qui suivent l'échéance, moyennant une amende d'une demi-livre sterling par chaque cent livres exprimées dans la police.

Les sommes assurées sont payées trois mois après que l'*Équitable* a reçu la preuve du décès de l'assuré, lorsque la police se trouve entre les mains des représentants naturels de la personne décédée, et dans le cas contraire elles sont payées six mois après l'administration de la preuve du décès.

La Société rachète aux assurés leurs polices, ou toute part desdites polices qui n'est pas au dessous d'un dixième.

Pour établir le taux de ses primes, l'*Équitable*, ainsi qu'on a pu le remarquer dans la première partie de ce travail, se sert d'un procédé fort ingénieux. Elle fait systématiquement usage d'une table de mortalité plus rapide que la mortalité réelle observée parmi ses membres. Cette disposition est indispensable à la solidité de l'établissement, qui, s'il fondait ses tarifs sur les lois générales de la longévité, s'exposerait, par la première mortalité extraordinaire, à ne pouvoir remplir ses engagements, ou tout au moins à compromettre gravement les intérêts de la génération future. D'ailleurs la suite de cet exposé fera voir que l'adoption de la table rapide de *Northampton*, quoique pouvant paraître injuste au premier coup d'œil, n'est pas moins équitable que nécessaire.

Ne perdons pas de vue que le titulaire d'une assurance en cas de mort a besoin de savoir, aussitôt la signature du contrat, sur quel chiffre ses héritiers peuvent compter pour le moment de son décès. C'est une considération sur laquelle nous ne saurions trop insister. En effet, l'événement fatal pouvant arriver à toute époque, il importe essentiellement à la sécurité de la famille qu'un minimum de capital ou de pension lui soit garanti dès le premier jour de la souscription.

En France, nous l'avons dit, l'absence de cette certitude a, jusqu'à ce jour, fait échouer tous les essais d'assurance mutuelle en cas de mort. Mais, d'un autre côté, l'*Équitable*, obligée de garantir un chiffre au souscripteur, se trouve, à son égard, provisoirement, il est vrai, dans la même situation où se trouverait définitivement une compagnie commerciale. La prudence lui commande, mais seulement pour quelques années, de mettre au plus bas le taux de la somme qu'elle s'engage à payer au décès de l'assuré. Car, encore une fois, à défaut de cette précaution, une calamité qui précipiterait le cours de la mortalité humaine pourrait à tout moment rendre la Société insolvable, ou compromettre les droits de ses bénéficiaires à venir.

Voyons comment elle s'y prend pour compenser cet impôt excessif dont elle a d'abord frappé ses membres. Tous les dix ans il est fait une enquête sur la situation sociale. L'*Équitable* se rend compte de l'état de sa réserve, et reconnaît jusqu'à quel point il lui est permis de la diminuer. La partie de ce capital d'économie qui dépasse le nécessaire est ensuite attribuée, dans la proportion de leurs assurances, aux cinq mille sociétaires les plus anciens, pour l'époque où ils auront accompli le versement de leur sixième annuité. Ce dividende ne leur est pas remis à eux-mêmes, ce qui serait contraire au but de l'institution ; mais il reste entre les mains de la Société, qui l'ajoute à la somme assurée. Il continue de fructifier, concurremment avec les versements nouveaux, jusqu'à l'événement qui détermine la liquidation du contrat. Alors les représentants du sociétaire décédé, au lieu de ne toucher que la somme primitivement assurée, la reçoivent accrue de ce dividende que nos lecteurs connaissent déjà sous le nom technique d'*addition*. Si le sociétaire a vécu jusqu'à l'enquête décennale suivante, ses héritiers jouissent de deux additions au lieu d'une, et chaque inventaire nouveau de la réserve de l'*Équitable* leur en apporte une de plus.

Cet accroissement périodique des sommes assurées absorbe ordinairement les deux tiers de la réserve. L'autre tiers est économisé pour s'accroître des primes nouvelles, de leurs intérêts capitalisés et des siens, jusqu'à l'enquête prochaine.

Quant aux membres qui ne sont pas compris dans la classe des cinq mille plus anciens, ou qui n'ont pas encore fait le sixième versement, la Société ne leur doit aucune indemnité pour les primes qu'ils ont payées, quoique le taux de ces primes fût basé sur une mortalité plus rapide d'un tiers que celle de l'*Équitable*. La statistique de la Société prouve irréfragablement, par des observations portant sur un grand nombre d'années et sur des milliers d'existences, que le délai pendant lequel les membres nouveaux demeurent privés d'additions ne peut être assez long pour leur porter préjudice. Sur une masse de sociétaires comme la possède l'*Équitable*, les lois de la mortalité s'appliquent avec une régularité que l'on pourrait presque appeler mathématique. Il est donc possible de connaître à l'avance, et d'une manière très précise, l'époque à laquelle il s'ouvrira des vacances dans la classe privilégiée des cinq mille. En d'autres termes, chaque assuré sait qu'en cas de survie il sera reçu, dans telle année, parmi les membres ayant droit aux additions. S'il vient à mourir avant cette époque, l'absence d'additions sera compensée pour ses héritiers par le moins grand nombre de primes qu'il aura payées.

Ainsi, toute proportion gardée d'ailleurs, les membres nouveaux et les membres anciens, ou plutôt les représentants des uns et des autres, se trouveront dans une position égale. Les premiers recevront moins, ayant moins payé ; les seconds recevront plus, ayant payé davantage. Et chaque souscripteur, à quelque degré de l'échelle que sa vie et ses versements s'arrêtent, qu'il ait fait partie de la Société pendant un seul jour ou pendant un demi-siècle, ou qu'il soit mort à quelqu'une des époques intermédiaires, laissera sa famille en jouissance d'une rente ou en possession d'un capital qui ne pourra jamais être inférieur au minimum fixé dans la police, et qui se sera successivement accru dans la proportion des sacrifices accomplis. Si la mort a frappé le souscripteur dans un âge avancé, l'assurance, pendant tout le cours de sa vie, l'aura délivré de l'an-xiété que tout père de famille qui n'est pas uniquement capitaliste éprouve quand il songe à l'avenir de ses enfants. En donnant à ses épargnes une direction obligatoire, elle aura doublé son courage et l'aura défendu contre une infinité de tentations presque toujours funestes à la constitution des fortunes. Et s'il meurt jeune, au contraire, cet acte de prévoyance aura sauvé sa famille. Avant sa mort prématurée, quelques rares versements, un seul peut-être, auront suffi pour investir les objets de sa sollicitude de toutes les sommes que le travail persévérant d'un grand nombre d'années lui eût à peine permis d'amasser.

L'esprit ne se lasse point à contempler le jeu de cette admirable institution. Peut-on rien concevoir de plus régulier dans ses mouvements, de mieux pondéré dans ses parties, de plus juste dans ses conditions, de plus bienfaisant dans ses résultats ? Honneur à ceux qui, de réforme en réforme, ont su transfigurer un établissement si défectueux dans l'origine, et le porter à l'état de perfection où nous le voyons aujourd'hui !

Mais, après avoir donné des éloges mérités à la constitution financière de l'*Équitable,* n'oublions pas de faire la part de sa constitution administrative. La première doit à la seconde et son existence et sa conservation. Aussi le perfectionnement de toutes les deux a-t-il suivi la même marche. Ces phénomènes sont logiquement et chronologiquement liés. Le même esprit qui créa les combinaisons économiques de la Société régénérée enfanta ce qu'on pourrait appeler ses principes de gouvernement. Les uns expliquent les autres ; et la situation si satisfaisante de l'*Équitable* n'aurait pu naître ni se perpétuer si la direction de ses affaires, exercée par des hommes recommandables, n'avait encore été subordonnée à de sages règlements.

A la vérité, toutes les dispositions administratives des statuts de la Société anglaise ne conviendraient peut-être pas également à tous les pays. En France, particulièrement, elles auraient besoin, selon nous, d'être modifiées dans quelques unes de leurs parties. C'est un principe que nous nous bornons à poser en ce moment. Il soulève des questions qui trouveront leur place dans la troisième Partie de cet ouvrage, où nous exposerons le plan d'un établissement d'épargnes testamentaires à l'usage du public français. Là, nous examinerons jusqu'à quel point la différence du caractère et des mœurs obligerait nos concitoyens à s'écarter des usages britanniques. En attendant, faisons connaître ces derniers. Consacrés chez les Anglais par une heureuse expérience, frappés au coin de leur nationalité, de leur génie politique, ils leur conviennent sous tous les rapports.

L'administration proprement dite de l'*Équitable* de Londres est confiée à quinze directeurs, qui sont nommés par l'assemblée générale. Ils se donnent eux-mêmes un président, et celui-ci désigne deux vice-présidents pour le remplacer au besoin.

Les directeurs peuvent délibérer au nombre de cinq. Ils nomment cinq commissaires (*trustees*) chargés de signer les polices, de recevoir et de placer les fonds en leur nom. Lorsque les commissaires sont réduits à trois, le conseil des directeurs en complète le nombre par de nouvelles nominations.

L'assemblée générale élit tous les ans cinq nouveaux directeurs. En quelque temps que ce soit, lorsqu'il y a cinq vacances au conseil des directeurs, elle est convoquée extraordinairement afin de les remplir par de nouveaux choix.

Pour être éligible aux fonctions directoriales, il faut avoir fait partie pendant cinq ans de la classe des cinq mille membres les plus anciens, être assuré à l'*Équitable* depuis ce temps-là et pour la vie entière, jusqu'à concurrence de 125,000 fr.

Il est tenu tous les trois mois une assemblée générale, sans compter celles que le président, l'un ou l'autre des vice-présidents, agissant en son nom, cinq directeurs

6

quelconques réunis, ou neuf membres ayant droit de vote réunis, peuvent convoquer.

Ces assemblées reçoivent et examinent les comptes de la Société ; elles font les statuts, règlements et ordonnances nécessaires pour l'administrer ; mais aucun de ces actes législatifs n'est obligatoire avant d'avoir reçu la sanction de deux assemblées générales successives, et soit trimestrielles, soit extraordinaires.

Pour être en droit de voter aux assemblées générales il faut avoir fait partie pendant cinq ans de la classe des cinq mille membres les plus anciens, être assuré à l'*Équitable* depuis ce temps-là et pour la vie entière, jusqu'à concurrence de 50,000 fr.

Tels sont les points fondamentaux de cette législation remarquable. On y retrouve la même sagacité, la même prévoyance, le même bon sens pratique, dont les Anglais font preuve chaque fois qu'il s'agit de réglementer des intérêts collectifs. Ce serait un travail intéressant et instructif au plus haut degré que d'analyser l'un après l'autre tous les articles de la constitution civile de leur *Équitable*, de montrer comment, en cette occasion, l'esprit législatif a su diriger et contenir, au profit de l'ordre et du bien commun, les forces et les tendances individuelles ; mais une telle entreprise nous entraînerait au delà des limites qu'il a fallu nous poser. Il est temps de clore ce chapitre, déjà trop étendu. D'autres matières nous attendent. Nous serons bref. Nous ne toucherons, en terminant, qu'aux deux ou trois dispositions les plus importantes des statuts de la Société.

Sans nous arrêter aux clauses destinées à ralentir les résolutions, comme celle qui veut que toute loi reçoive la sanction de deux assemblées successives, passons immédiatement aux conditions d'éligibilité. Pour celles qui peuvent mener aux fonctions directoriales, il est facile de deviner la pensée du législateur. Qu'a-t-il pu se proposer en exigeant des directeurs une assurance de 125,000 francs pour la vie entière, le maximum des cotisations sociales ? De les intéresser aussi fortement que possible au bien-être de l'association. Pourquoi les prend-il dans la classe des membres les plus anciens, et demande-t-il que leur puissant intérêt dans la Société date de cinq années ? C'est afin d'ajouter à la garantie pécuniaire celles non moins précieuse de l'expérience et d'une position dans l'*Équitable*, qui les rende naturellement conservateurs.

Il en est de même des conditions qui donnent le droit de voter en assemblée générale. Le conseil des directeurs ne possède que le pouvoir exécutif ; c'est dans l'assemblée générale, dans la réunion des cinq mille membres les plus anciens, assurés depuis cinq ans jusqu'à concurrence de 50,000 francs au moins, et pour la vie entière, que réside la souveraineté. Admirons la sagesse de la disposition des statuts qui définit cette espèce de cens électoral. Elle maintient le sénat de l'*Équitable* au degré précis de supériorité financière dont il avait besoin pour garder l'équilibre entre l'intérêt de la masse et celui de chacun des membres, soit anciens, soit nouveaux. Par leur position élevée dans la Société, position que le temps a consacrée et qu'ils conserveront jusqu'à la mort, les cinq mille sont les tuteurs naturels et légitimes des intérêts et des droits moins considérables appartenant à leurs co-associés de nouvelle date. On n'a pas oublié combien M. Morgan était fier d'avoir fait passer cette loi dans le corps des statuts. On se souvient que, dans sa sollicitude vraiment paternelle pour l'établissement auquel il avait consacré toute sa vie, le digne secrétaire s'écriait que les conditions attachées, d'après ses conseils, au droit de vote, avaient non seulement servi, mais sauvé la Société.

En effet, si nous nous reportons à l'époque où cette loi fut votée, la proposition de M. Morgan nous paraîtra presque un coup de génie. Les répartitions croissantes de l'*Équitable* avaient excité l'esprit de spéculation ; de nouveaux souscripteurs se présentaient en foule, bien plutôt dans la pensée d'accroître leurs capitaux que d'assurer le sort de leur famille. C'était là, pour l'association, il faut en convenir, une fausse et dangereuse popularité. Le péril était imminent. Si les membres actuels ne se hâtaient de poser une barrière à ces accessions désordonnées, l'élément inférieur acquérait la prépondérance ; il menaçait la Société d'une prochaine décomposition. Une fois la majorité passée entre les mains des jeunes membres, toujours impatients d'entamer le fonds d'économie, en peu de temps la réserve disparaissait, et, avec elle, non seulement le juste héritage des souscripteurs anciens, mais encore l'espérance des bénéficiaires futurs, de ceux-là mêmes qui, poussés par une ardeur irréfléchie, auraient méconnu l'intérêt de tous et dévoré l'avenir en germe. Tout est changé par la loi de 1816. La concentration du pouvoir entre les mains des sociétaires privilégiés, en vertu de l'ancienneté, n'enlève aucune garantie aux membres nouveaux. Ils passeront à leur tour dans cette catégorie ; et, dussent-ils mourir auparavant, ils n'en laisseraient pas moins leurs héritiers dans des rapports avantageux. Cet équilibre ne peut être compromis par la prépondérance des anciens membres, car ceux-ci sont les premiers intéressés, non sans doute, à ce que le nombre des sociétaires augmente, mais à ce que les vacances soient toujours remplies. En effet, nous voyons, dès l'adoption de la loi, les accessions, quoique ralenties, se maintenir au niveau des extinctions. La Société ne pouvant plus croître par le nombre des souscripteurs sans affaiblir son ressort, elle s'attache uniquement désormais à grandir par l'augmentation du chiffre des assurances. La quantité va demeurer stationnaire ; la qualité seule progressera. S'il nous était permis d'emprunter un terme de comparaison à l'histoire naturelle, nous rappellerions que les corps organisés, après avoir atteint leur croissance, ne gagnent plus en volume, mais par le perfectionnement de leurs organes et de leurs formes. De même l'*Équitable*, voyant ses assurés assez nombreux, ne cherche plus son élévation dans la multiplicité, mais dans la valeur de ses opérations. Dans son premier âge, au contraire, le nombre des souscripteurs augmentait seul, et le chiffre moyen des assurances ne s'améliorait pas.

Cette Société, qui contribua si puissamment en Angleterre à la prospérité des familles , et par conséquent à celle du pays, s'est élevée suivant ses mérites. Elle avait commencé par être la ressource des citoyens peu fortunés , elle est devenue celle des classes riches. D'autres établissements occupent aujourd'hui les postes inférieurs que l'*Équitable* a traversés depuis quatre-vingt-six années , dans son continuel mouvement d'ascendance. Espérons qu'ils monteront à leur tour ; ils le peuvent, en se dirigeant d'après les mêmes principes.

L'histoire et la description de l'*Équitable* anglaise sont un enseignement indispensable à toute Société d'assurances en cas de mort qui voudra se fonder soit en Angleterre , soit dans un autre pays. Peut-être le commentaire dont nous les avons accompagnées ne paraîtra-t-il pas inutile à leur éclaircissement. Nous avons tâché de déduire la moralité des faits, les conséquences des principes. Nous avons, autant qu'il dépendait de nous, vengé cet admirable établissement des imputations de l'ignorance ou de l'envie.

Aucun autre système de mutualité ne mérite les honneurs d'une mention à côté de celui de l'*Équitable*. Mais, le procédé de l'assurance commerciale étant pratiqué dans notre pays, nous ne pouvons nous dispenser de le comparer à celui qui mérita la préférence de l'autre côté du détroit. Ce parallèle , nécessaire à la conclusion de l'ouvrage, formera le sujet du chapitre suivant.

CHAPITRE III.

PARALLÈLE ENTRE L'ASSURANCE MUTUELLE ET L'ASSURANCE COMMERCIALE EN CAS DE MORT.

Le débat entre l'assurance humaine faite par le commerce et faite par les intéressés eux-mêmes se résume dans une très simple question d'économie domestique.

Laquelle de ces deux choses est préférable pour les consommateurs :

D'acheter à la spéculation, qui l'achète aux producteurs, l'objet qui leur est nécessaire, et de payer de la sorte un double bénéfice ;

Ou de se faire producteurs et distributeurs eux-mêmes, en formant une société qui livre les produits à ses membres, au prix coûtant ?

La question ainsi posée est toute résolue.

Et c'est celle-là précisément qui s'élève entre les deux systèmes d'assurance en cas de mort.

Vaut-il mieux, pour les consommateurs éventuels des sommes assurées, les acheter à la spéculation, ou les produire eux-mêmes ?

Comme on le voit, comme nous venons de le dire, cette question est de celles qu'on résout en les posant.

Reproduisons-la toutefois en termes plus précis, plus

mercantiles encore, si c'est possible. On nous pardon-
nera d'envisager, en ce moment, sous un rapport purement pécuniaire , une institution qui se recommande
avant tout par son caractère moral. La considération
du bon marché ne doit pas être indifférente au père qui
fait valoir ses épargnes dans l'intérêt de ses enfants ; et
l'esprit de calcul devient une vertu, quand on l'applique à remplir les devoirs de la famille.

Nous demanderons donc si les assurés auront plus
d'avantage à payer le gain du spéculateur qui leur
vend l'assurance, qu'à couvrir les frais d'administration
de celle qu'ils se donnent les uns aux autres.

Encore une fois, nos lecteurs pourront répondre.
Néanmoins, il conviendra peut-être de citer l'opinion
du célèbre mathématicien Duvillard, l'un des hommes
qui font justement autorité dans la matière :

« Dans le mode mutuel, dit l'auteur du *Plan d'asso-
» ciation de Prévoyance,* la Société est à la fois assu-
» rante et assurée ; elle rédige elle-même ses règle-
» ments, administre elle-même ses primes. Il suit de là
» que tout se fait aux moindres frais possibles , et pour
» le bien seul, sans qu'il puisse s'introduire aucun
» abus. »

Voilà comment, au siècle dernier, Duvillard jugeait la
question. Il comprenait le profit qu'il y avait pour les
assurés à faire eux-mêmes leurs affaires , sous la surveillance du gouvernement, qui, en France, est le tuteur naturel de tous les intérêts collectifs. Pourrait-on
raisonnablement demander les mêmes avantages à des

capitalistes réunis pour exploiter l'assurance comme une industrie, et dans leur propre intérêt?

Approfondissons, à ce propos, l'organisation des compagnies propriétaires. Suivons dans cet examen le même ordre que nous avons observé dans l'exposition du mécanisme de la mutualité pratiquée par l'*Équitable* anglaise. Définissons, d'abord sous l'aspect de leurs combinaisons financières, ensuite sous celui de leur forme d'institution, la généralité des compagnies qui représentent l'assurance commerciale en cas de mort.

Cette fois, notre tâche sera plus courte et plus facile. Nous n'avons plus à décrire une institution étrangère, à peu près inconnue en France, mais seulement à rappeler les conditions et les formes d'une série d'établissements qui existent et fonctionnent aux yeux du public auquel nous nous adressons.

De même que l'*Équitable*, les Compagnies propriétaires perçoivent une prime fixe, tantôt annuelle, tantôt unique. De même qu'elle, ces établissements garantissent en retour, aux héritiers du souscripteur, et pour l'époque de son décès, une somme déterminée. Jusque là, parité complète entre les deux procédés.

Mais ce qui distingue le premier du second, c'est qu'à la Société l'*Équitable*, l'assurance est progressive, tandis que dans le système commercial elle demeure stationnaire. Sous le régime de la mutualité, l'accroissement du capital de réserve se traduit en accroissement des sommes assurées; sous le régime du forfait, l'excédant des recettes sur les dépenses profite essentiellement à l'entrepreneur. La mutualité fixe aux souscripteurs, le jour de la signature du contrat; un *minimum* qu'elle augmentera par la suite; la spéculation ne leur destine qu'une somme invariable : celle-ci finit par où celle-là commence. Dans l'une tout est progressif, cotisations et répartitions; dans l'autre, les sacrifices seuls, et non les bénéfices de l'assuré, suivent une marche ascendante. Sa vie aura beau se prolonger, même au delà des limites ordinaires; les primes par lui versées, avec les intérêts qu'elles produisent, auront beau s'accumuler dans la caisse de l'assureur, pendant une longue suite d'années, jamais les perspectives des clients de la Compagnie ne s'amélioreront dans la proportion des paiements qu'ils auront faits. Nous n'ignorons pas que ces établissements admettent aujourd'hui les assurés en participation d'une portion de leurs bénéfices; mais, lorsque nous aurons signalé les risques auxquels une Compagnie commerciale s'expose et les charges que forcément elle supporte, il deviendra clair que cette concession partielle ne peut aller jusqu'à dépouiller l'entreprise de son caractère spéculateur, et jusqu'à donner aux assurés des avantages pareils à ceux que leur offre le système mutuel. Cette vérité ressortira d'un simple coup d'œil que nous jetterons sur la constitution intérieure des Compagnies. Auparavant, toutefois, qu'il nous soit permis de dire un mot de la manière dont elles établissent leurs tarifs.

Pour passer un marché avec chacun de leurs clients; pour lui fixer, dès le jour de la souscription, la somme définitive qui, sous forme de capital ou d'annuité, sera

payée ou due à ses héritiers à l'époque de son décès,
sur quelle base les Compagnies propriétaires devront-
elles établir le taux de leurs primes ? Prendront-elles un
point de départ, nous ne dirons pas dans la mortalité
générale, puisqu'elles n'assurent que des personnes
d'une certaine classe où la vie est ordinairement plus
longue que dans la masse de la population ; mais se fon-
deront-elles du moins sur la mortalité moyenne des
têtes choisies dont se compose la classe assurable ? Évidemment non. Adopter un tel principe, ce serait vouloir
affronter des risques trop grands ; ce serait vouloir
s'exposer à des pertes énormes aussitôt qu'une guerre,
une épidémie, ou quelque autre événement anormal,
aurait accéléré momentanément le cours ordinaire des
extinctions. Les sommes assurées par les contrats sont
payables sur décès, quoi qu'il arrive. Il faut donc pouvoir les payer, quel que soit le cours de la mortalité. De
cette nécessité résulte pour les Compagnies commerciales celle de poser les conditions du contrat de manière
à se réserver toutes les chances ; car, quelque riches
qu'on les suppose, il est impossible de leur prêter l'intention de sacrifier les bénéfices d'un grand nombre
d'années au premier écart défavorable à leurs intérêts
qui surviendrait dans le mouvement de la vie humaine.
L'assureur est dès lors forcé d'agir comme si l'écart qu'il
peut redouter devait effectivement avoir lieu ; il est forcé
de tout porter à l'extrême et de prendre, dans ses calculs,
l'exception pour règle. Il établira par conséquent le taux
des primes, disons mieux, le rapport entre les primes

qu'il perçoit et les paiements auxquels il s'engage, sur l'hypothèse d'une mortalité plus rapide que la mortalité probable. Cependant le cours des événements ne justifie presque jamais une fiction si démesurément outrée. Et semblât-il même la justifier un moment par l'effet de ces crises politiques ou sanitaires que les progrès de la civilisation rendent de plus en plus improbables, ou dont elle tend du moins à diminuer l'intensité, la durée et la fréquence, le rétablissement de l'ordre ne tarderait pas à replacer les Compagnies, vis-à-vis du public, dans la position où se trouverait à son égard un commerçant obligé, par un vice inhérent à son industrie, de prélever sur sa clientèle un gain excessif. La grande majorité des souscripteurs vivent au delà du temps supposé ; ils paient un nombre de primes qui ne se proportionne pas à la mortalité fictive et trop rapide adoptée dans les tarifs des Compagnies, mais à leur longévité réelle : aussi la totalité des versements annuels, accrue de l'intérêt capitalisé, dépasse-t-elle presque toujours la valeur de la somme assurée qui tombe en partage à leurs héritiers.

Après les explications que nous venons de donner, nous objectera-t-on encore la compensation partielle que les Compagnies accordent à leur clientèle ? Cette compensation, nous le savons bien, va quelquefois jusqu'à leur restituer la moitié des bénéfices. Mais que peut-on conclure de là, sinon que ces bénéfices sont réels et que les assureurs s'en réservent l'autre moitié ? Comment pourraient-ils ne pas le faire ? Contraints par la nature même de l'opération de déterminer, dès la signature

du marché, la totalité de la somme qu'ils devront payer
lors du décès d'un souscripteur, comment pourraient-ils
échapper à la fatale alternative d'imposer à celui-ci des
conditions onéreuses, ou de manquer tôt ou tard aux engagements qu'ils ont contractés envers lui?

D'ailleurs, la solidarité coûte cher dans les Compagnies
commerciales, et les frais de cette espèce retombent en
définitive à la charge de l'assuré. Celui-ci ne sent point
planer sur son contrat, comme dans le système mutuel,
la protection d'une Société dont il fait partie, dont tous
les membres sont ses associés, dont les fonds sont versés
au trésor public, et dont ses propres mandataires, ainsi
que les délégués du gouvernement, surveillent l'administration jusque dans les moindres détails. A défaut de
toutes ces garanties, au moins lui faut-il, pour que sa
sécurité soit complète, celle d'un capital social qui ré-
ponde des obligations acceptées par la Compagnie. Ce
capital, dans l'assurance commerciale, existe en effet. Il
y a tel établissement en France où il s'élève à quinze millions. Croit-on que les actionnaires, dont ce fonds de
garantie est la propriété, consentiraient à le former pour
e simple intérêt que peut donner un placement en immeubles et en valeurs sur l'état? Non, certes. Ce placement, ils pourraient le faire ; cet intérêt, ils pourraient
l'obtenir, nous ne dirons pas sans soumettre leurs capitaux à la moindre chance de perte, sans les faire dépendre des fluctuations de la mortalité, car nous voulons bien admettre que l'élévation de leurs tarifs les
garantit de tout risque ; mais enfin des capitalistes fai-

sant le métier d'assureurs ne se contenteraient point
de retirer de leurs fonds le même revenu qu'un propriétaire ou qu'un rentier.

Il est de la dernière évidence que le capital de garantie doit rapporter un fort dividende aux actionnaires.
Non seulement ils sont intéressés à se ménager ce résultat, mais le soin même de leur sécurité les y oblige,
puisqu'ils ne peuvent se mettre à l'abri des partis qu'en
forçant leurs tarifs, comme nous l'avons prouvé tout à
l'heure. Le fait est que le bénéfice annuel des Compagnies s'est élevé plus d'une fois à 125 pour 100. Nous
le demandons, où seraient puisés les énormes profits, si
ce n'était dans l'excédant du montant des primes et
de leurs intérêts sur le montant des sinistres?

Ainsi, par quelque côté que la question soit envisa-
gée; soit que l'on ait égard au caractère aléatoire du
contrat qui commande à l'assureur traitant à forfait avec
l'assuré de mettre en sa faveur toutes les chances; soit
que, de la part dans les bénéfices que les Compagnies
abandonnent à leurs clients, on conclue à celle qu'elles
se réservent; soit enfin que l'on examine la position des
actionnaires, à qui l'intérêt personnel conseille la cherté,
à qui la prudence en fait une loi, il demeure constant
que le public, dans l'assurance commerciale, paie un
impôt considérable à la spéculation.

Qu'il y a loin de ce système à celui que pratique
l'*Equitable Society !* Là, point de ces marchés irrévoca-
bles qui font peser sur le souscripteur toutes les éventualités prévues dans le contrat. L'expérience y vient

élever graduellement, par des concessions toujours op-
portunes, un chiffre primitif d'assurance qui suffisait au
sociétaire pendant les premières années. Les sacrifices
qu'il a faits y sont constamment récompensés par des
perspectives plus vastes, et la Société, qui n'a jamais
engagé l'avenir, fait jouir ses membres, après chaque
inventaire, de tout ce qu'a produit le passé.

Là, dans le système mutuel, point non plus de ces
fonds de garantie dont les souscripteurs, dans l'assurance à forfait, sont obligés de payer les dividendes.
« Ce gage dispendieux, » dit encore Duvillard, que nous
aimons à citer, « leur est absolument superflu, lorsque
» les bases de leurs opérations sont clairement établies.
» La réunion des prix et des primes qui constituent le
» capital d'une Société d'assurances suffit alors pour
» remplir tous les engagements.

» Supprimer les intéressés externes, poursuit cet au-
» teur, et faire exécuter l'entreprise par les assurés
» eux-mêmes, c'est ramener l'affaire à sa simplicité
» primitive; c'est aller le plus directement possible au
» but proposé, celui de mettre les assurés en posses-
» sion de tous les avantages que peuvent procurer les
» assurances. »

Ne poussons pas ces citations plus loin. Elles
suffisent à montrer que la science avait déjà reconnu
a priori la supériorité du principe de l'association en
matière d'assurance humaine, avant que la sagacité d'un
peuple voisin en eût, par le fait, manifesté l'excellence.

Nous n'avons voulu rapprocher que sous un seul aspect les deux genres d'établissements qui se disputent l'assurance. Nous nous sommes borné à les comparer dans leurs conditions et dans leurs effets pécuniaires. Même à ce point de vue restreint, le parallèle est entièrement en faveur du système mutuel ; il le serait bien plus encore si, nous élevant à des considérations plus hautes, nous avions pu mettre en r egard les deux systèmes envisagés sous le double rapport moral et politique. Mais ces derniers points auraient exigé de trop longs développements. Nos lecteurs nous permettront de les réserver pour un chapitre spécial. Tel qu'il est, notre parallèle permet déjà de prévoir le résultat de la concurrence qui se manifeste entre le commerce et la mutualité, au sujet de l'assurance testamentaire. Dans les Compagnies commerciales , l'intérêt de l'assureur et celui de l'assuré sont distincts, ou , pour mieux dire, opposés ; elles ne peuvent donc accorder aux souscripteurs les mêmes avantages que les Sociétés mutuelles, sans se perdre inévitablement dans un délai plus ou moins court, attendu la fixité de leurs promesses et la nature aléatoire de l'élément de la mortalité réparti sur chacun des contrats. Une fois la concurrence établie, si les Compagnies maintiennent le taux de leurs primes, elles verront bientôt le public passer aux Sociétés mutuelles, et se ruineront par l'improductivité de leurs frais d'administration et de leur capital de garantie. Si, au contraire, elles abaissent leurs prix, on les verra d'abord jouir d'une prospérité apparente, et puis tout à coup s'engloutir dans une catastrophe, au premier écart un peu grave qui dérangera la marche ordinaire de la mortalité.

Du jour où l'assurance commerciale aura pour rivale une mutualité bien organisée, il ne lui restera plus que le choix entre deux genres de mort : ou la mort lente par l'inaction, ou la mort violente par la réduction des tarifs.

CHAPITRE IV.

APPLICATIONS DU PRINCIPE DE L'ASSURANCE MUTUELLE EN CAS DE MORT.

L'instinct de la sociabilité, ce précieux apanage de l'homme, a pour résultat de multiplier et d'étendre à l'infini les ressources de son intelligence. Il remédie, en quelque sorte, à notre faiblesse naturelle, et même à l'incertitude et à la brièveté de notre vie. Par le progrès des arts mécaniques, les forces des individus, si petites en comparaison de celles de la nature, ont pris un accroissement presque illimité. Par la simplification des sciences, l'esprit humain est devenu mille fois plus apte à se les approprier. Avec moins de peine et plus promptement il acquiert une instruction beaucoup plus étendue, et produit des ouvrages beaucoup plus considérables qu'autrefois. Cette double économie de temps et de force prolonge, pour ainsi dire, l'existence, en la ren-

7

dant plus pleine, en permettant à l'homme d'ajouter de nouveaux travaux à ceux qui jadis auraient absorbé sa vie entière.

De même, et toujours par l'effet de la civilisation, l'incertitude où nous demeurons tous sur l'époque de notre mort peut recevoir un correctif puissant, au moins en ce qui touche le sort des êtres chéris qui semblent destinés à nous survivre. La science, pénétrant jusque dans les prévisions de la sollicitude paternelle, fournit au chef de famille un moyen sûr d'empêcher que son décès, le plus souvent imprévu, ne devienne une calamité pécuniaire pour sa veuve et pour ses enfants. Ce danger même, auquel il sent que ses jours sont constamment exposés, et dont aucun soin ne peut tout à fait le garantir, développe son industrie, sa prudence, et le rend plus propre à remplir les devoirs comme à recueillir les avantages de la société.

L'esprit de prévoyance, stimulé par d'aussi graves considérations, devait se révéler sous un grand nombre de formes. Une de ses manifestations les plus nouvelles et les plus importantes, c'est l'institution de l'épargne collective comme moyen de préparer une issue certaine à un événement incertain. Les contrats de ce genre n'ont pas encore été appréciés à toute leur valeur, et cela par une raison fort simple, c'est qu'en général ils n'ont pas encore été bien compris.

Mais, quand une fois les principes sur lesquels ils reposent auront été rendus familiers au public, on reconnaîtra qu'il est impossible de se faire une trop haute idée de leur utilité, ou de concevoir un champ trop vaste pour leur application.

Quel est, en effet, le principe fondamental de ces sortes d'engagements? D'assurer l'avenir de ceux en faveur desquels on les souscrit.

Quel est l'usage qu'on en fait généralement aujourd'hui? C'est d'offrir à l'enfance, à la vieillesse, au sexe le plus faible, une assistance nouvelle et puissante pour l'époque où la mort les priverait de leur protecteur naturel; c'est d'épargner au moins l'horrible perspective de la misère et du dénûment à ces familles en deuil que les pertes du cœur désoleront bien assez.

Mais sans compter ce soulagement du malheur, caractère distinctif et bienfaisant des assurances sur la vie humaine, nous verrons bientôt qu'elles trouvent un emploi fort avantageux dans d'autres situations, où le bénéficiaire du contrat doit toucher une somme déterminée à l'expiration de la vie d'une personne désignée. Ainsi l'on peut, par de telles combinaisons, pourvoir à l'établissement d'un jeune homme ou d'une jeune fille, à l'entretien d'un vieillard, à la satisfaction d'un créancier, se dédommager de l'insolvabilité d'un débiteur, et dans certains cas empêcher une faillite.

Nous avons dit plus haut que le contrat d'assurance sur la vie humaine est un contrat aléatoire par lequel une des parties s'engage à payer à l'autre ou à ses représentants soit une somme unique, soit une rente annuelle dans le cas de survie ou dans le cas de décès de la personne sur l'existence de laquelle repose le traité.

De là les deux ordres d'opérations connus sous les noms d'assurances en cas de vie et d'assurances en cas de mort, et dont nous avons donné la définition dans le chapitre Ier de cette deuxième partie de l'ouvrage. On peut également désigner les deux sortes d'établissements qui s'en chargent sous les dénominations de caisses d'établissement et de retraite, et de caisses d'héritage.

Tout contrat d'assurance humaine, quelles qu'en soient les clauses, peut être considéré comme un acte de prévoyance par lequel le souscripteur se propose d'assurer l'objet de son affection contre l'éventualité d'une perte ou d'un besoin pécuniaire, en répartissant le risque entre tous les individus auxquels il s'associe, de telle sorte, que la perte le besoin, s'ils arrivent, se fractionnent sur chacun des membres de la Société, ce qui les rendra peu sensibles pour tous.

Dans son essence, le contrat que nous venons de définir est donc fondé sur l'association. Née de ce principe, l'assurance humaine s'y rattache encore par la nature des calculs servant de base à ses opérations : car ce n'est qu'en réunissant les individus en grand nombre que l'on a pu déterminer la durée moyenne des existences; ce n'est aussi que dans les sociétés nombreuses que les calculs de probabilité de vie sont confirmés par l'événement, que les tarifs auxquels ils ont servi de point de départ trouvent une application juste, et que les répartitions peuvent s'opérer d'une manière normale et profitable à chacun.

Nous allons donner un aperçu des diverses combinaisons qu'il est possible de faire subir au système de l'épargne appliquée au bénéfice des héritiers.

Dans les opérations de ce genre, c'est le souscripteur ou déposant qui devient l'assuré. Le contrat peut être fait pour toute la durée de sa vie, c'est-à-dire que la somme assurée sera payée au bénéficiaire du souscripteur, lors du décès de ce dernier, en quelque temps que ce décès arrive ; mais il peut également limiter l'effet du contrat à une partie de son existence ; en d'autres termes, on peut convenir que l'obligation acceptée par l'assureur cessera si le décès de l'assuré n'a pas eu lieu à une époque déterminée. Cette dernière espèce d'assurance est appelée *temporaire*.

Quelquefois on stipule que l'engagement de l'assureur ne pourra recevoir d'effet qu'après un délai fixé . c'est là l'assurance *différée*. Alors le capital est rendu payable en quelque temps qu'arrive le décès de l'assuré, pourvu toutefois que cet événement ne soit pas antérieur à l'expiration du délai.

Le contrat est subordonné, dans ses effets, à l'extinction d'une ou de plusieurs existences. On se borne généralement à le faire reposer sur deux têtes au plus.

Au sujet des contrats portant sur deux vies réunies, il y a la même distinction à faire que pour ceux qui n'en concernent qu'une seule. Les premiers , comme les seconds, peuvent s'étendre à la vie entière ou n'embrasser qu'un temps limité. Il est à remarquer d'ailleurs que la somme assurée peut être faite payable soit à la dissolution du groupe , soit à l'extinction des deux têtes.

Enfin, l'exécution du traité peut dépendre de diverses conditions de survie. Tantôt on stipule que le capital sera payable lors du décès d'une personne désignée, pourvu qu'une autre, également désignée, lui survive ; tantôt c'est l'événement contraire qui deviendra la condition d'échéance, c'est-à-dire que l'assureur devra payer ce qu'il a promis dans le cas où telle personne mourra postérieurement à telle autre.

Le prix de l'assurance, connu sous le nom de *prime,* est payé, soit en une fois, soit au moyen d'une série de versements annuels qui se prolongent jusqu'au décès de l'assuré souscripteur. L'usage veut que la première prime annuelle, ou annuité, se paie comptant, c'est-à-dire lors de la signature du contrat ; mais il serait possible de modifier ce procédé par une convention particulière. Lorsqu'il y a plusieurs têtes assurées ensemble, on peut stipuler que la prime annuelle sera payée pendant l'existence simultanée de toutes ces personnes, ou bien il peut être convenu que les versements ne s'arrêteront qu'à la mort du dernier survivant.

Assurance sur une seule tête, et pour la vie entière.

Un homme de trente ans désire laisser à ses enfants un capital de 10 000 fr. Cette somme lui est assurée sur sa vie moyennant un versement annuel de 212 fr. 20 c., ou par 3 780 fr. une fois payés.

Les termes de paiement peuvent être changés à la convenance des souscripteurs. Par exemple, celui dont nous venons de parler, au lieu de verser une prime annuelle sa vie durant, pourrait s'acquitter au moyen de sept annuités de 616 fr. 54 c. chacune, ou par trois versements de 1 317 fr. 53 c.

Dans tous les cas, la mort du souscripteur fait cesser le paiement des primes et rend exigible la somme assurée, lors même qu'il n'eût effectué qu'un seul versement.

Assurance différée.

Un père de famille âgé de cinquante ans a l'intention de céder son établissement à l'aîné de ses deux fils dans une dizaine d'années. Afin que le second trouve dans sa succession une valeur égale à celle de l'établissement qu'il destine à l'aîné, le père fait assurer sur sa vie une somme de 20 000 fr., chiffre égal à cette dernière valeur. Il stipule que le contrat d'assurance ne produira son effet que dans dix ans, l'âge du fils aîné ne lui permettant pas de remplacer son père avant cette époque.

Pour assurer avec cette réserve ladite somme de 20 000 fr. sur la tête d'un quinquagénaire, la prime à payer pendant la vie de celui-ci sera de 561 fr. 60 c. Si le contrat avait dû recevoir immédiatement son exécution en cas de mort, elle aurait été de 851 fr. 20 c.

Assurance temporaire.

Un employé âgé de quarante ans se trouve en état de subvenir aux dépenses que nécessite l'éducation de son fils; mais il ne peut lui laisser aucune fortune. Il faudrait, pour que l'enfant eût une carrière ouverte à son activité, que cette éducation pût se continuer encore pendant dix ans. Mais son avenir deviendra fort incertain si la mort vient à frapper le père dans l'intervalle. Pour couvrir ce risque, il est nécessaire que, dans le cas exprimé seulement, un capital de 10 000 fr. lui soit assuré. C'est donc au terme de dix ans que l'on doit limiter l'assurance.

La prime à payer annuellement pendant ce délai, sauf le cas de mort du souscripteur, sera de 138 fr. 37 c. La somme assurée deviendra exigible, et l'obligation de faire les versements cessera, en quelque temps que le décès arrive. Si le souscripteur vit au delà des dix années, il se verra dispensé de tout paiement. Sa succession, d'un autre côté, n'aura plus rien à demander à l'assureur.

Assurance sur deux têtes réunies.

Un négociant pourvoit à ses besoins à l'aide d'un petit commerce auquel il faut son travail et celui de sa femme. La mort de l'un des époux entraînerait la ruine de leur établissement. Dans cette appréhension, ils font assurer une somme de 5 000 fr., payable au décès de l'un d'eux. Le mari est âgé de cinquante ans, et la femme de quarante. Pour cette assurance, la prime annuelle payable tant que les deux époux existeront est de 280 fr. 70 c. Lors du décès de l'un ou de l'autre, cette prime cessera d'être due à l'assureur, et le capital d'assurance sera remis au survivant.

Autre exemple. — Deux époux âgés, l'un de vingt ans, et l'autre de trente, voudraient laisser à leurs enfants un capital de 30 000 fr.

Il faut distinguer ici le cas où le capital serait exigible au premier décès, et celui dans lequel on ne le demanderait qu'après la mort de la femme et du mari.

Si c'est au premier décès que le capital est payable, la prime à verser pendant la vie simultanée des deux époux sera de 961 fr. 80 c.

Si c'est après l'extinction des deux têtes, le paiement périodique peut ou se limiter à leur double existence, ou se prolonger jusqu'à la mort du survivant.

La prime payable jusqu'à la dissolution du couple est de 414 fr. 60 c.

Celle payable jusqu'au dernier décès se monte à 297 fr. 12 c.

Assurances dépendant d'un ordre particulier de survie.

Dans les assurances de cette nature, le paiement de la somme assurée est soumis au cas de priorité de la mort d'une personne désignée à l'égard de celle d'une autre personne également désignée.

Première hypothèse. — Le capital est payable à la mort de **A**, pourvu qu'elle précède celle de B.

I. Une femme de vingt-cinq ans, ne possédant qu'une rente viagère pour toute fortune, est chargée de l'entretien d'une fille issue d'un premier mariage. Elle se marie en secondes noces à un homme de trente-cinq ans. Par le contrat de mariage il est accordé de grands avantages à cette femme si elle survit à son mari. Elle pourra dans ce cas assurer le sort de sa fille; mais si elle meurt la première, elle ne laissera rien à son enfant. Dans cette position, la jeune femme se fait assurer une somme de 25 000 fr. payable dans le cas où son mari viendrait à lui survivre. La prime annuelle, dont le versement doit cesser à la mort de l'un des deux époux, sera de 377 fr. 85 c. Au moyen de ce sacrifice, le sort de l'enfant est mis à l'abri de tout risque. Si sa mère meurt avant son beau-père, elle recevra les 25 000 fr. assurés; si, au contraire, le mari prédécède, les avantages matrimoniaux faits à la veuve profiteront à l'enfant.

II. Un jeune homme de vingt-cinq ans, chef d'une maison de commerce, épouse une femme du même âge. Les parents de cette dernière lui constituent en dot une somme de 50 000 fr., qui doit leur être rendue si leur fille décède sans qu'il soit issu d'enfants de ce mariage. Le mari désire employer les 50 000 fr. dans son commerce; mais si le cas prévu par les parents de sa femme se présentait prochainement, il pourrait se voir ruiné par la nécessité de restituer la dot. Il fait donc assurer ces 50 000 fr. sur sa propre tête, en ajoutant au contrat la condition de paiement dans le cas de prédécès de sa femme, afin de pouvoir, au besoin, rembourser le montant de la dot, sans que ses affaires en éprouvent le moindre dérangement.

III. Un ouvrier, âgé de vingt ans, subvient, par son travail, à l'entretien d'un père sexagénaire. Si ce dernier venait à survivre à son fils, il se trouverait dénué de toute ressource. Pour écarter ce danger, le jeune artisan fait assurer sur sa tête une somme de 4 000 fr. payable dans le cas où il mourrait avant son père. La prime à verser est de 46 fr. 74 c. Cette faible épargne suffit pour mettre la vieillesse de ce dernier à l'abri de la misère.

Deuxième hypothèse. — Le capital est payable à la mort de A, pourvu qu'elle soit postérieure à celle de B.

Une personne âgée de quarante ans a fait un testament par lequel elle a légué 10 000 fr. à une autre personne âgée de vingt ans. La famille de cette dernière, prévoyant le cas où sa mort précéderait celle du testateur, et voulant, au moyen de l'assurance, retrouver au besoin l'équivalent d'un legs qui resterait alors dans la succession de ce dernier, fait assurer sur la tête dudit testateur une somme de 10 000 fr., sous la condition que sa mort ait eu lieu après celle du légataire institué.

Avec cette clause, les 10 000 fr. seront assurés par un versement unique de 1 126 fr. 80 c.

La prime, dans cette hypothèse, peut être payée de deux manières : d'abord, tant que le groupe ne sera pas dissous ; si nous l'entendons ainsi, elle sera de 74 fr. 97 c.

Supposons, au contraire, que la dissolution arrive en laissant le quadragénaire pour survivant. Le droit alors

se trouvera déterminé, mais le montant de l'assurance
ne sera pas encore exigible ; il ne le deviendra qu'au décès de la personne de quarante ans. Si donc les souscripteurs veulent faire courir la prime jusqu'à l'établissement du droit, c'est-à-dire tant qu'existera le testateur, elle sera de 65 fr. 88 c.

Si c'était le testateur qui fût âgé de vingt ans et le légataire institué de quarante, alors la même assurance
de 10000 fr., sur la tête du premier s'obtiendrait au
moyen d'un versement unique de 1735 fr. 30 c.

La prime payée dans ce cas pendant l'existence simultanée des deux têtes serait de 115 fr. 47 c., et
celle payée durant la vie de la personne de vingt ans
s'élèverait à 84 fr. 90 c.

C'est ainsi que, par la puissance de l'association,
l'assurance humaine peut conjurer les revers de fortune
qu'éprouverait une famille en perdant son chef. La va-
riété de ses combinaisons permet de l'appliquer à toutes
les situations où des malheurs de ce genre peuvent être
prévus. L'exactitude des éléments sur lesquels reposent
ses calculs, et la précision que leur donne l'analyse, font
que les opérations de ce genre présentent plus de sécurité que toute autre espèce d'assurance ; et cette observation paraîtra d'autant plus vraie si l'on considère que,
par la réunion des combinaisons basée sur les probabilités de vie et de celles qui portent sur les probabilités
de décès, l'extrême mortalité dans certains cas et l'extrême longévité dans d'autres tendent à se balancer.
Plus le cercle des assurances s'étendra, plus la pondé-

ration de ces deux éléments deviendra parfaite; et cet équilibre sera bien plus facilement atteint et conservé par l'association, qui rallie les intérêts individuels à l'intérêt général, que par la spéculation privée, qui ne peut opérer que dans une sphère plus étroite et purement commerciale.

Nous ne voulons plus revenir sur une question que nous avons complétement, quoique brièvement, traitée dans le précédent chapitre. Disons seulement que le principe que nous venons de rappeler fut si bien mis en lumière par MM. Simpson et Dodson, les savants fondateurs de l'*Équitable society*, que cet établissement défie encore aujourd'hui la concurrence, quoique ses tarifs aient été moins réduits que ceux des compagnies propriétaires. Malgré cette différence, les opérations de l'*Équitable* ont continué de s'accroître : car ses sociétaires comprennent fort bien que, s'ils paient au début un excédant de prime, ils le retrouveront, lors des inventaires périodiques, mais considérablement augmenté par le cumul des intérêts, et par les bénéfices qui viennent grossir l'importance du capital assuré.

CONCLUSION.

Nous n'avons point eu le dessein de présenter le tableau complet des applications dont l'épargne testamentaire est susceptible. Un pareil travail dépasserait le cadre que nous nous sommes tracé. Mais les exemples qui précèdent, pris dans les situations les plus ordinaires de la vie, suffiront pour donner un aperçu de l'importance et de la diversité des avantages que cette institution procure à nos voisins, et qu'elle est destinée à produire également chez nous. Après les avoir médités, tous les hommes sérieux comprendront la haute utilité d'un ordre d'opérations qui corrige l'instabilité des fortunes par la puissance combinée du calcul et de l'esprit d'association.

Nous ne saurions trop le rappeler : la mort, cet événement suprême et dont le terme est toujours inconnu, déjoue à chaque instant tous les calculs de la prévoyance individuelle. Ce n'est qu'en se groupant contre elle que les pères de famille peuvent lui disputer à coup sûr la fortune de leurs enfants. Qu'ils associent leurs épargnes, et, s'ils observent dans l'administration de ces deniers les règles d'une facile prudence, l'avenir social de leurs héritiers sera mis à l'abri du plus grand de tous les périls. Dès lors, si quelque accident cruel leur enlève un père chéri, du moins pourront-ils se maintenir au rang où la naissance et l'éducation les avaient placés. Que ce père succombe dans un an, dans un mois, dans une heure, le secours qu'il destinait à sa veuve, à ses enfants, ne leur en sera pas moins remis, fût-il égal au centuple des économies employées à l'acheter.

Tels sont les effets de l'assurance. Hors de là, point de sécurité réelle. L'assurance est une certitude ; la jeunesse, la santé, la force, ne donnent que des probabilités. Le relevé des décès dans la ville de Londres prouve que, sur 5 000 individus pris au début de la vie, il en meurt 600 dans les dix premières années. Encore dix ans, et l'on comptera 700 décédés de plus. Après une troisième période décennale, il y aura 850 extinctions nouvelles. Additionnons ces chiffres funèbres, et nous trouverons qu'en moins d'un tiers de siècle 2 150 personnes auront succombé sur les 5 000 qui existaient trente ans auparavant.

En face de ces observations irrécusables, quel est l'homme qui peut arguer de sa santé, de sa force, de sa jeunesse, pour repousser l'épargne collective comme une œuvre superflue à la sécurité de sa famille?

Voilà le danger. Voyons le préservatif. Autant l'un est imminent pour tous, autant l'autre est accessible à chacun.

A l'âge de vingt ans, 3,30 par semaine suffisent pour acheter une assurance de 10 000 fr. en cas de mort.

A trente ans 4,08, à quarante ans 542, à cinquante ans 8,30, à soixante ans 12,66, garantissent le même résultat aux héritiers du déposant.

Et c'est par ces faibles épargnes que tout homme laborieux peut mettre ses proches à l'abri du besoin.

C'est au moyen d'une privation aussi légère qu'il aura rempli le plus impérieux de tous les devoirs envers lui-même, envers sa famille, envers son pays.

CHAPITRE V.

APERÇU DES CONSÉQUENCES ÉCONOMIQUES, MORALES ET POLITIQUES D'UNE FONDATION DE CE GENRE DANS NOTRE PAYS.

§ 1. Conséquences économiques et morales.

Les lois égalitaires dont nous sommes redevables à la première révolution française ont, il est vrai, rendu l'héritage accessible à tous, en abolissant le droit d'aînesse et en instituant le partage égal des successions ; mais ce qui manque dans la plupart des cas, c'est l'élément sur lequel ces lois pourraient avoir prise. Elles ont réglé le partage, mais dans le plus grand nombre des familles il n'y a rien à partager.

Jadis les titulaires des grandes fortunes étendaient, jusqu'à certain point, leur protection sur les classes moins aisées. L'aristocratie nobiliaire est disparue, et sa chute, qu'il faut ranger parmi les progrès du temps, laisse néanmoins un vide, ou, pour parler plus exactement, laisse l'aggravation d'un vide dans la société. Plus que jamais la mort des chefs de famille est devenue, pour leurs veuves et leurs enfants, non seulement un sujet de deuil, mais une perspective de cruelles privations, et quelquefois de dénûment absolu. Les fortunes, déjà si morcelées, se fractionnent de plus en plus par l'effet d'une législation équitable sans doute en principe, mais dont les conséquences ne tarderaient pas à causer de douloureuses commotions, si l'esprit de prévoyance ne venait bientôt leur donner un salutaire contre-poids.

La mort du chef de famille, à quelque instant qu'elle arrive, est toujours un événement imprévu. Soudaine ou préparée, n'importe, à ne la considérer que sous le point de vue pécuniaire, elle compromet gravement les intérêts, elle trouble profondément les existences. L'épargne testamentaire collective doit avoir pour objet et pour résultat d'empêcher cette perturbation, de réparer ce sinistre.

Dans l'état actuel des choses, c'est la propriété seule qui constitue l'héritage, tandis qu'en vertu de l'assurance mutuelle, l'héritage sera constitué par le travail. Ce n'est plus seulement le capitaliste, c'est le travailleur, quel qu'il soit, qui pourra laisser les siens, suivant leur âge, en possession d'un capital ou d'une pension d'éducation, d'établissement ou de retraite.

Aujourd'hui, souvent, et même le plus souvent, la mort du chef de maison fait cesser son travail avant qu'il ait pu constituer le patrimoine ou le revenu des survivants. Dans l'assurance, au contraire, le fait seul d'être membre de l'association lui garantit des résultats qu'isolé il ne pouvait être certain d'obtenir.

L'assurance en cas de mort offre donc une sécurité qu'il est impossible d'acquérir par aucune autre combinaison. Toute personne qui, le jour de son décès, ne laisserait qu'un patrimoine insuffisant à ses héritiers, leur doit de prélever en leur faveur quelques économies sur son revenu viager, qu'il soit tiré de rentes ou pensions personnelles proprement dites, ou qu'il découle des émoluments d'une place, des produits d'une industrie, d'un talent ou d'un usufruit.

La plupart des personnes appartenant aux classes moyennes se trouvent dans cette condition. Ce n'est donc pas seulement une mort prématurée, ce sont des revirements de fortune impossibles à conjurer, et même à prévoir, qui peuvent frapper et ruiner les familles.

Contre cette cause d'anxiété, que fera la puissance individuelle? Elle ne lui opposera que de lents et incertains palliatifs. Mais que le père de famille ait recours à l'épargne collective! du jour de la signature de son contrat, il réalisera, en quelque sorte, les économies éventuelles d'un grand nombre d'années à venir, et les mettra à l'abri de tout péril.

Aussi, dans les pays où cette institution existe, on voit l'affection filiale et paternelle, l'amour conjugal, l'amitié même et les intérêts les plus légitimes, s'en prévaloir avec empressement. Les situations de ce genre se diversifient à l'infini; nous en avons indiqué les plus saillantes, et nous avons montré par des exemples chiffrés, circonstanciés, historiques, les avantages supérieurs que dans chacune d'elles on peut retirer d'une intelligente application du principe de l'épargne sociétaire. Nous avons vu comment par ce moyen, et tout en ne s'imposant que des sacrifices modiques en comparaison du résultat, l'époux peut assurer le sort de son épouse, le père celui de ses enfants ; comment le fils laborieux peut-mettre la vieillesse de ses parents à l'abri du besoin ; comment les personnes des deux sexes peuvent neutraliser les risques pécuniaires attachés aux conventions matrimoniales ; les créanciers conjurer les pertes que pourrait entraîner pour eux le décès d'un débiteur ; les débiteurs se procurer, en cas de mort, les fonds nécessaires au paiement de leur dette ; les acheteurs et les vendeurs de rentes viagères créer un dédommagement éventuel, les uns pour l'extinction prématurée de ces revenus, les autres pour le prolongement excessif de ces charges.

Résumons toutes ces situations en une seule : nous dirons alors que l'épargne testamentaire et collective convient à tous ceux qui sont pécuniairement intéressés à la vie d'autrui, comme à tous ceux à l'existence desquels des êtres chéris sont intéressés sous le même rapport. Dans cette dernière catégorie, nous aurons à peine besoin de désigner les médecins, les hommes de loi, les savants, les littérateurs, les artistes, les fonctionnaires publics, les employés d'administrations privées, les négociants et leurs commis, les pensionnaires et rentiers, les familles qui peuvent sans difficulté faire de petites économies sur de grandes dépenses, les travailleurs de tous les états et de tous les degrés ; en un mot, nous y comprendrons quiconque se préoccupe de pourvoir, par un moyen sûr, simple et facile, aux nécessités des objets de son affection qui peuvent être appelés à lui survivre.

Dans cette revue rapide, et nécessairement incomplète, nous nous sommes principalement occupé de la
classe qui possède, quoique insuffisamment. Nous avons
trouvé que dans les rangs de la bourgeoisie il n'y a
pas, il ne peut y avoir de sécurité pour l'avenir des familles en dehors de l'association. Que sera-ce donc de
la classe prolétaire! de cette partie bien plus nombreuse
de la nation qui ne possède aucun patrimoine, et dans
laquelle les enfants, pendant le premier âge et quelquefois pendant l'adolescence, vivent uniquement du labeur
de leurs parents! Si l'assurance est nécessaire à des catégories plus ou moins rentées, combien plus ne le
sera-t-elle pas aux masses, qui n'ont d'autre ressource
que le produit viager de leur travail?

L'industrie de l'artisan, du cultivateur, ne doit-elle
pas être soutenue par des institutions qui dirigent sa
sollicitude de père et d'époux, qui la rendent plus constante, plus fructueuse, et qui, par l'admirable vertu
de l'esprit d'association, récompensent en lui l'intention
aussi bien que le fait?

Il serait de notre sujet d'embrasser toutes les conséquences économiques et morales de l'épargne testamentaire; et cependant les bornes de cet ouvrage ne nous
permettent d'en signaler sommairement que les plus importantes.

Qui ne voit qu'elle rend l'hérédité collective, sans
toutefois la dépouiller de son individualité? que, de la
sorte, elle tend à délivrer les familles du droit de succession; droit impopulaire, droit onéreux, qui aujour-

d'hui décime leurs patrimoines ? Qui ne voit qu'en même temps l'épargne mutuelle en cas de mort prépare au trésor, par l'accroissement du bien-être, et conséquemment de la consommation générale, une source de revenus indirects bien plus abondantc et bien plus insensible que celle que les citoyens laisseraient se tarir en évitant un impôt odieux, prélevé précisément aux époques de deuil et de crises domestiques ?

Qui ne voit, de plus, que cette institution met les lumières de la science au service de la charité ? qu'elle remplace l'aumône, qui dégrade et ne soulage qu'un moment, par l'héritage, qui honore et sauve pour toujours ? qu'elle doit arriver, enfin, à mettre au nombre des propriétaires l'immense majorité de la nation, si pauvre, et pourtant si digne, par son intelligence et son courage, de conquérir l'indépendance sociale, après avoir conquis l'indépendance politique ?

Il est cependant une conséquence de cette institution sur laquelle nous devons plus particulièrement insister, car elle intéresse la plus utile et la plus négligée de nos industries. Les esprits sérieux s'alarment avec raison de la disproportion croissantc qui se manifeste entre la fabrication manufacturière et l'agriculture. Contrairement aux lois de l'économie politique, la population s'agglomère dans les villes et déserte les campagnes. Les capitaux et les bras se portent en trop grande quantité sur le travail manufacturier, au détriment du travail agricole. Nous n'avons point à signaler ici les causes de l'encombrement des ateliers et des villes : elles sont assez connues. Rappelons seulement que, si l'agriculture est en souffrance, c'est principalement parce que les hypothèques et les autres charges dont la propriété terrienne est grevée dépassent le chiffre de sa valeur intrinsèque.

Ce fait si grave a été mille fois constaté ; tout le monde comprend qu'il est de la plus haute urgence de dégrever la propriété rurale, dans le triple intérêt de l'état, des producteurs et des consommateurs.

Beaucoup de tentatives ont été faites à ce dessein. Nous nous plaisons à rendre justice aux excellentes intentions de leurs auteurs ; mais il est impossible de se dissimuler que leur insuccès n'a rien eu d'accidentel, et qu'il était l'inévitable résultat d'un vice de système. Sans entrer dans le détail des diverses combinaisons essayées, nous nous bornerons à établir que toutes étaient inefficaces ou ruineuses. Après une multitude de projets publiés et mis en œuvre, le problème de la libération économique du propriétaire terrien grevé d'hypothèques reste devant nous dans son entier. Ce problème ne peut être résolu que par l'épargne, mais par l'épargne collective et combinée avec le principe de la réversibilité. L'épargne représentée par la Société d'assurance devient une banque de secours qui prête au cultivateur, et celui-ci la rembourse par une série d'annuités viagères, prélevées sur le produit de son travail.

Rien n'est plus simple que cette opération : que nos lecteurs se figurent la situation d'un propriétaire agricole à qui les capitaux manquent seuls pour tirer un bon parti de sa terre (et c'est là le cas où se trouvent la plupart des possesseurs du sol si fertile de la France), l'association lui fournira la somme nécessaire, à la condition qu'il s'en servira pour améliorer sa propriété. De son côté, l'emprunteur paiera, sa vie durant, une annuité calculée sur l'intérêt et sur les chances d'extinction de la somme avancée : à son décès ses héritiers seront libérés de toute obligation.

Par ce procédé facile et peu dispendieux, l'on pourra, suivant les circonstances, donner au sol les moyens d'exploitation et de bonification qui lui manquent, et décharger la propriété de la dette qui l'écrase. En d'autres termes, on pourra convertir une propriété nominale en une propriété réelle. Non seulement l'état profitera grandement des améliorations apportées à l'agriculture, puisqu'il verra s'accroître et le produit de l'impôt et le chiffre de la richesse publique ; mais les particuliers, tant producteurs que consommateurs, y trouveront un avantage inestimable : les premiers par l'augmentation de leurs revenus et la constitution de l'héritage de leurs familles, les seconds par la multiplication, le perfectionnement et la mise à bon marché des substances alimentaires.

C'est ainsi que pourra disparaître de notre système de crédit une lacune déplorable, que les banques agricoles sont impuissantes à remplir. Ces dernières, ne faisant que des prêts remboursables à courte échéance, laissent toujours le cultivateur à la merci d'une mauvaise récolte, ou de toute autre cause d'insolvabilité.

En terminant ce paragraphe, il nous reste à faire un rapprochement de l'ordre le plus élevé. Nous avons promis d'envisager le principe de l'assurance humaine dans ses rapports avec l'économie publique et la morale; il faut donc, afin d'être complet, mettre ce principe en regard de la philosophie politique du jour. Pressé comme nous le sommes et comme le sont nos lecteurs, notre parallèle ne sera qu'une ébauche, et nous ne toucherons qu'aux systèmes les plus influents et les plus répandus.

La France, libre de toute entrave, peut aujourd'hui procéder à la réalisation de ses théories libérales, fondées sur les préceptes sublimes de l'Évangile et des plus grands philosophes de l'Antiquité.

Mais à côté des doctrines politiques modernes s'élèvent les doctrines des socialistes, qui, plus systématiques ou plus vagues, cherchent plus particulièrement le bonheur de l'homme dans la satisfaction illimitée de tous les penchants de l'esprit et du cœur.

Il est un point, néanmoins, sur lequel toutes les écoles sont d'accord : c'est qu'il existe au milieu de nous de pressants besoins à satisfaire, et que la société demande à ceux qui peuvent influer sur ses destinées des améliorations désormais indispensables à la paix du monde autant qu'au bonheur de l'humanité.

Le plus impérieux de ces besoins, la plus urgente de ces améliorations, c'est de créer la propriété là où elle n'existe pas encore; c'est, là où elle existe déjà, de l'étendre et de la consolider.

Pour atteindre sûrement et directement ce grand objet, il est une condition de rigueur : c'est d'assurer aux enfants le sort que le père leur destine, et de mettre leur avenir à l'abri des éventualités et des catastrophes de tous genres dont il est menacé.

En un mot, c'est de constituer l'héritage.

Or, le moyen de constituer l'héritage dans les familles, c'est d'associer tous les efforts dans ce but. Et la forme naturelle, nécessaire, de cette association, c'est l'assurance.

Nous avons posé ce principe : il s'agit maintenant de le justifier.

Reprenons à ce sujet nos divers points de comparaison.

A quoi tendaient, par exemple, les efforts de la première révolution française? Quels moyens a-t-elle pris? quels résultats a-t-elle obtenus ?

A quoi tendent les socialistes modernes : saint-simoniens, phalanstériens, communistes? quels sont les moyens dont ils prétendent se servir? quel est le but qu'ils espèrent atteindre?

Tous ces systèmes politiques et sociaux renferment au fond une seule et même pensée, marchent vers un seul et même but.

Les républicains de 1789 proclamaient les droits de l'homme.

Les saint-simoniens demandent l'amélioration du sort de la classe la plus nombreuse.

Les phalanstériens veulent donner au travail l'attrait

pour mobile, afin d'arriver à constituer la plus grande somme possible de satisfactions au profit de chacun.

Les communistes exigent la participation de tous aux richesses qui composent le capital collectif de l'humanité.

Toutes ces professions de foi semblent profondément divergentes ; toutes, néanmoins, se résument dans une seule et même aspiration.

Ce que tous désirent, c'est le bonheur par la liberté dans l'ordre.

Or, le bonheur consiste dans la satisfaction de plusieurs sortes de besoins, dans l'essor de plusieurs ordres de sentiments.

Quel est le premier sentiment que l'homme éprouve ? quel est le premier besoin qui se manifeste en lui ? C'est celui de sa propre conservation.

Et le second instinct que l'on remarque dans l'esprit humain, c'est la sociabilité ; celle-ci comprend d'abord l'esprit de famille, ensuite le patriotsime, enfin la philanthropie ou l'amour universel.

Il faut donc, suivant le vœu de la nature, travailler d'abord pour soi-même, ensuite pour ses proches, pour son pays, pour tous les hommes.

La morale et la religion s'accordent pour enseigner cette gradation de devoirs.

Il faut donc aussi constituer la propriété, non dans un esprit égoïste et exclusif, mais dans un esprit à la fois généreux et sage, et la constituer d'abord pour soi, puis pour ses parents, pour ses concitoyens, pour tous ses semblables.

Il faut, en un mot, rendre la propriété tout à la fois individuelle et collective.

Ce grand travail sera l'œuvre définitive et dernière de la civilisation, le terme suprême de la série des évolutions progressives de l'humanité.

Mais nous devons y marcher dorénavant par des transitions douces, pacifiques et graduelles. Nous ne devons pas espérer y parvenir en agitant des théories abstraites ou en provoquant des crises violentes : car les unes bouleverseraient pour la centième fois le monde des idées, les autres le monde des faits, et toutes seraient stériles ou ne produiraient en dernière analyse que des réactions qui les feraient tourner contre leur but.

Nous l'avons dit : la transition la plus opportune aujourd'hui vers ce terme final, c'est la constitution de la propriété sur une base à la fois plus large et plus ferme, celle de l'héritage, garanti par une association d'épargnes testamentaires.

On le voit, ce sont les conséquences les plus essentielles de nos doctrines politiques ; c'est le côté utile et possible de toutes les théories socialistes que l'assurance est appelée à réaliser.

Sans provoquer de nouvelles commotions, en les conjurant pour sa part, au contraire, elle fait triompher les droits de l'homme proclamés par notre triple révolution, et le met en possession de la première conséquence de ces droits sacrés, du droit de vivre et de faire vivre sa compagne et ses enfants, même après lui.

Sans attaquer ni les personnes ni les choses, mais

en affermissant bien plutôt leur sécurité, elle corrige cette inégalité des conditions contre laquelle s'élèvent les communistes; elle la corrige en soumettant les héritages associés à l'ordre de la nature, qui doit avoir pour effet inévitable de les niveler de plus en plus.

Sans attenter au mariage et à la propriété, ces deux colonnes de l'édifice social, dont elle vient au contraire augmenter la force, elle améliore, comme le demandent les saint-simoniens, le sort des femmes et du peuple; elle leur rend l'existence plus douce, plus honorable; elle agrandit leur éducation, prolonge leurs loisirs, et leur prépare de la sorte une plus grande part d'influence et d'action sur la famille et sur la société.

Sans demander le remanîment de cette société, mais en l'acceptant telle qu'elle est faite, elle travaille efficacement, par l'association des forces individuelles et par la constitution de l'héritage, à cette satisfaction des penchants de la nature humaine que réclament les phalanstériens.

Résumons-nous.

Les principes d'équité posés par nos législateurs et nos publicistes ont ouvert la carrière du progrès; les théories humanitaires ont poussé la pensée publique dans cette direction. L'assurance aura l'honneur de faire le premier pas dans la voie des perfectionnements sociaux. En réalisant d'une manière économique et certaine l'héritage de chacun par les efforts de tous, elle jettera les bases de la prospérité des nations, qui se fonde sur le travail et le bien-être de la famille.

§ 2. Conséquences politiques.

Nous avons apprécié la situation actuelle de la propriété dans notre pays ; nous avons montré les fortunes divisées et presque nivelées dans les classes hautes et moyennes, par l'effet de la règle du partage égal des successions établie depuis plus d'un demi-siècle. Ce morcellement doit-il continuer ? Doit-il étendre l'égalité jusqu'aux classes prolétaires ? Nous le croyons et nous le désirons. Le principe adopté par la France est humain et juste : il appartient donc à ce peuple, éminemment logique, de le pousser jusqu'à ses dernières conséquences. Cependant, le nivellement des fortunes, au point où il est parvenu, ne comporte plus l'individualisme : chaque propriétaire est désormais trop faible pour ne s'appuyer que sur lui-même ; et la raison, non moins que le penchant, nous fait une loi de la fraternité.

Le mouvement démocratique nous entraîne. Insensé qui voudrait le combattre ; sage qui voudra l'organiser pour l'affermir, pour empêcher qu'il ne dévie et ne s'égare.

Cette notion de la fraternité, qui fut la généreuse inspiration de nos pères, n'est-ce pas à une époque réfléchie et rationnelle comme la nôtre, qu'il appartient de la préciser en lui donnant son acception substantielle et solide ? Ne devons-nous pas, dans l'ordre économique, la traduire par le terme d'association ?

Préoccupons-nous un moment de la situation des familles. Nous l'avons déjà fait remarquer', trop de risques les menacent, trop de charges les écrasent. Non seulement la propriété n'est pas en général assurée entre leurs mains, mais la plupart même ou ne possèdent pas, ou ne possèdent que dans une proportion insuffisante. Ici, le danger des crises monétaires, industrielles, domestiques; là, celui plus grave encore d'un manque ou d'une incapacité de travail, qui plongerait immédiatement dans la misère le travailleur, son épouse et ses enfants.

Ceux mêmes qui possèdent quelque bien souffrent par la violente pression du droit de mutation, qui vient à chaque décès frapper et décimer les fortunes particulières. L'économiste cherche un procédé qui fasse disparaître cet antagonisme d'intérêt entre les citoyens et l'Etat. Les familles elles-mêmes brûlent de s'affranchir d'un impôt ruineux par le fond et vexatoire par la forme.

Le gouvernement aussi doit, en bon financier, désirer qu'elles y parviennent; car le trésor gagnerait, non moins qu'elles, à ce que les chefs de maisons puissent réserver leurs capitaux pour les entreprises utiles de l'agriculture, de l'industrie et du commerce, véritable source de la propriété des états.

Mais ce n'est pas tout d'alléger les charges de la bourgeoisie; il s'agit encore, il s'agit surtout d'appeler graduellement à l'héritage, et par conséquent à la propriété, ces classes inférieures, bien plus nombreuses, et qui se montrent de plus en plus dignes de posséder. Il s'agit d'arracher au prolétariat, d'introduire au sein de la bourgeoisie la grande famille des travailleurs manuels; car l'ouvrier, le cultivateur le plus humble, aussi bien que l'homme aisé, travaillent avec courage. L'un et l'autre s'imposent résolument toutes les fatigues et toutes les privations, dans la bonne et noble pensée d'améliorer le sort de leurs proches; nous ne disons pas de l'assurer, car, à défaut d'institutions secourables, leur ambition ne saurait aller jusque là. Pour fortifier l'esprit de famille, base des vertus sociales, c'est donc l'héritage, ce lien entre les parents et les enfants, cette transmission du fruit du travail des uns sur la tête des autres, qu'il est nécessaire de constituer.

Tout système social qui n'est pas fondé sur la famille sera toujours un rêve contraire à la nature; et nos sociétés modernes, faites pour le travail et la paix, veulent avant tout s'appuyer sur l'affection réciproque du père et du fils, de l'épouse et de l'époux.

Le problème à résoudre, c'est de concilier l'esprit de famille avec l'esprit des grandes associations, créé par les perfectionnements industriels de notre époque; de combiner ainsi les avantages de la division du travail et du bon marché, résultant de l'un, avec les avantages d'ordre et de moralité, plus précieux encore, qui sont garantis par l'autre. Cet accord, l'économie politique paraît appelée de nos jours à l'établir, ou du moins à le préparer dans toutes les branches du travail humain; et l'institution qui fait le sujet de cet ouvrage doit évidemment l'opérer dans une de ses applications les plus essentielles, dans la plus universelle de toutes, dans celle qui touche le plus directement au bien-être de chaque fa-

mille et de chaque individu, dans l'organisation de l'héritage.

On a vu, par nos précédentes explications, que l'é-
pargne collective maintient à chaque famille sa propre
individualité dans le sein d'une association composée de
toutes les familles qui se favorisent et s'entr'aident. On
a vu que cette institution fait tourner au profit de tous,
dans une juste mesure, la mise en commun des économies et des prévoyances de chacun ; qu'elle sait retirer
des efforts des individus, qui se gouvernent dans un
grand esprit d'unité, des résultats auxquels séparément
ils n'auraient jamais pu atteindre, ni sous le rapport de
la certitude, ni sous celui de l'étendue des bénéfices.

Voici le langage que l'assurance nous tient à tous :
« Déposez dans mon sein vos économies, quel qu'en soit
le chiffre ; et du jour où vous aurez pris l'engagement
de ce sacrifice périodique, la mort ne vous eût-elle laissé
le temps de l'accomplir qu'une fois, vos héritiers seront
certains de recevoir, capital et intérêts, *l'équivalent de
tous les versements que vous auriez pu faire pendant
tout le cours de votre vie probable*, c'est-à-dire la somme
que vous aurez voulu leur laisser, quelque forte qu'elle
puisse être. Si vous vivez au delà du terme probable de la
vie, si vous êtes obligé de répéter cette mise, il vous en
sera tenu compte au moyen d'un accroissement proportionnel de vos bénéfices. Vous aurez donc assuré, par un
simple engagement, des épargnes qu'il ne vous eût été
possible de réaliser qu'au bout d'un grand nombre d'années, et que probablement vous n'auriez pas toujours

trouvé l'occasion de faire fructifier par un placement avantageux et sûr. Je mets à la disposition de chacun de vous toute la puissance d'une vaste communauté. De tous les individus je ne fais qu'un corps, de toutes les familles je n'en fais qu'une seule, et je fonde, au milieu de cette grande association, les bases du contrat que cherchent vainement les philosophes socialistes.

» Je laisse chacun s'imposer selon sa capacité, je rétribue chacun selon ses œuvres. Tous, en raison des ressources que vous promettent votre éducation, vos talents ou votre fortune, vous fixez vous-mêmes le chiffre de vos versements, et par suite celui de l'assurance qu'ils doivent produire.

» Si j'associe ainsi les conditions les plus dissemblables, c'est dans l'intérêt de la commune prospérité. Les citoyens de tous rangs, depuis le simple artisan jusqu'au riche capitaliste, me confient une épargne périodique proportionnée à leur revenu, proportionnée aussi, par conséquent, aux besoins de leurs héritiers, puisque les besoins de tout homme se mesurent à ses habitudes et à son éducation.

» Mais il y a plus : ces conditions inégales que j'associe, j'ai pour tendance irrésistible de les ramener progressivement à l'égalité ; car, dans cette famille élargie, la mort, ce grand et fatal événement de l'ordre naturel, devant lequel tous les hommes sont égaux, doit nécessairement, en favorisant indistinctement les uns ou les autres, contre-balancer les priviléges de la naissance ; et, de la sorte, l'action lente, mais constante, du fléau niveleur, doit amener par degrés, sans trouble, sans violence, et bien plus sûrement que par toute autre voie, cet effacement des trop grandes inégalités sociales, dont les meilleurs publicistes ont toujours fait dépendre le bonheur et la paix des populations. »

Telles sont les principales considérations, puisées dans l'économie et dans la morale, qui recommandent l'é—pargne testamentaire et collective à l'attention et à la faveur des esprits sérieux. Nous les avions déjà développées dans un paragraphe spécial ; néanmoins il nous a paru convenable, au commencement de celui que nous consacrons au côté purement politique de la question, de reproduire encore une fois les mêmes observations sous une forme et dans un langage qui s'adressent plus particulièrement aux hommes d'état.

Abordons maintenant les considérations politiques découlant de notre sujet.

L'épargne collective testamentaire intéresse l'état à plus d'un titre. Cette institution promet des garanties à l'ordre ; elle promet des accroissements à la richesse publique. Nous l'examinerons successivement sous ce double aspect.

Le plus ferme soutien des bonnes mœurs et de l'ordre public, c'est la famille ; et de notre temps, où toutes les distinctions artificielles s'évanouissent, quand on peut prévoir l'époque où la différence des classes ne sera plus qu'un vain mot, quand l'esprit de caste et de localité s'affaiblit de jour en jour, il importe plus que jamais de fortifier le seul élément destiné à survivre en regard de l'état ; il est plus que jamais nécessaire de constituer la société naturelle du père, de la mère et des enfants, qui seule un jour devra servir de base et de support à la société politique.

L'association des familles, n'est-ce pas là la véritable clé de l'unité nationale ? Et comme à toute force il faut un contre-poids, n'est-ce point là cette matière stable et résistante qui doit tempérer l'ardeur d'améliorations quelquefois précipitées à laquelle nous obéissons?

L'apparente mobilité, disons mieux, l'indomptable ambition du mieux, qui caractérise notre époque, produit de fréquentes et violentes crises dans l'ordre industriel et commercial, et conséquemment dans l'ordre politique. Ces crises, chaque famille doit chercher à s'en garantir, d'abord dans son intérêt propre, ensuite dans celui de la grande communauté. Chacun de ces groupes naturels doit chercher un appui dans tous ses cogénères. Que l'on se représente un village où tous les habitants établis se concerteraient pour laisser, le jour de leur décès, une somme fixe entre les mains de leurs enfants : il est certain que, dans une telle localité, toutes les fortunes, toutes les positions, acquerraient une solidité jusqu'à présent inconnue. Etendons maintenant cette association de la commune au canton, du canton au département, du département à la France entière : les gages qu'elle donne à chacun de ses membres seront devenus plus forts, à mesure que son cadre lui-même aura grandi ; mais en même temps les garanties de paix et de sécurité que cette institution de prévoyance apporte à l'Etat] deviendront d'autant plus puissantes que la masse des versements sera plus considérable et le chiffre des souscripteurs plus élevé. En s'assurant les unes les autres, les familles assurent l'équilibre social. Supposons la mesure en question adoptée par toute la population de la France, et l'Etat, comme les particuliers, pourra traverser victorieusement les difficultés financières, en attendant qu'il puisse en prévenir le retour.

Nous n'avons encore envisagé les citoyens assurés et l'Etat que dans le rapport réciproque où les place la loi. Nous ne les avons encore étudiés que sous l'aspect de cette solidarité pour ainsi dire indirecte qu'établit entre eux la relation de gouvernant à gouverné. On pourrait peut-être s'en tenir à ce point de vue s'il s'agissait d'un autre pays que la France. En Angleterre, par exemple, l'épargne collective ne confie qu'une partie de ses capitaux au trésor : l'hypothèque, la propriété foncière, absorbe le reste ; mais, quant à nous, il est dans notre caractère national, dans nos constantes traditions, de vouloir que le gouvernement soit le caissier aussi bien que le tuteur de toutes les associations nombreuses. Il existe à cet égard, dans la spécialité même de l'assurance humaine, un précédent d'un bon exemple et d'une irréfragable autorité.

L'assurance mutuelle en cas de survie, institution sollicitée par l'état des mœurs, languissait dans l'ombre ; au mépris des lois, elle était abandonnée à l'arbitraire de l'intérêt privé. Des spéculateurs sans mission, sans lumières, sans unité, sans grandeur, exploitaient confusément cette branche importante de l'épargne.

Une voix courageuse a rappelé la spéculation à l'ordre ; elle a frappé l'oreille du gouvernement, qui laissait dormir, au détriment des intéressés et de l'institution même, son imprescriptible droit d'autorisation et de contrôle. Les quelques établissements existants sont rentrés dans la légalité ; d'autres se sont élevés à côté d'eux, et, dans un court espace de temps, l'assurance mutuelle sur les probabilités de vie a pris, en dépit de mille obstacles, un essor auquel ses plus ardents promoteurs n'auraient pas osé s'attendre.

Six cent mille souscripteurs sont actuellement réunis dans les établissements ordonnancés. Les engagements qu'ils ont contractés dépassent déjà le chiffre énorme d'un demi-milliard. Cet éclatant succès est l'ouvrage de six années. En moins de temps, suivant toute apparence, le système s'universalisera parmi toutes les familles du pays.

La caisse d'épargnes avait été surtout la banque du peuple ; les caisses d'épargnes collectives et réversibles devinrent principalement la ressource des classes plus aisées. En attendant que de nouvelles combinaisons pussent en rendre l'accès plus facile aux travailleurs manuels, elles se remplirent des économies que les travailleurs intellectuels de tous genres et la propriété même venaient y déposer. Cette masse d'épargnes est destinée en majeure partie à l'éducation des enfants, qui tous auront à suivre un jour l'exemple de leurs pères. Elle donnera des hommes au clergé, à l'administration, à la magistrature, à l'armée, à la marine, au commerce, à l'industrie; elle en donnera surtout à l'ordre en grossissant les intérêts particuliers autour du trésor.

L'épargne collective au profit des héritiers, qui complétera le système des institutions de prévoyance mutuelle, offre à l'Etat le même appui. Revêtue, comme la précédente, de la sanction du législateur, soumise comme elle à la salutaire tutelle de l'autorité publique, elle doit aussi recevoir tôt ou tard les économies de la population tout entière, et fortifier l'Etat en associant à ses destinées une partie de la fortune de chaque citoyen.

Nous avons besoin d'insister beaucoup sur le nivellement graduel, mais certain, que le principes de la réversibilité des épargnes doit opérer dans toutes les conditions sociales. Si nous reproduisons souvent cette considération, c'est que là se trouve, suivant nous, la solution pacifique et légitime du grand problème de l'égalité. Ce problème, la révolution de 1789 n'a fait que le poser, elle n'a pas eu le temps de le résoudre. L'égalité, si juste, si désirable, si nécessaire, n'entrera dans le domaine des faits que lorsque la subsistance et l'éducation de tout enfant lui seront assurées, lorsque chaque père, avant de mourir, aura pu pourvoir aux besoins des jeunes membres de sa famille et les prémunir jusqu'à l'époque où, par leur travail, ils pourront se suffire à eux-mêmes. Ce jour-là disparaîtront les derniers vestiges du paupérisme, et cette lèpre qui dévore les sociétés modernes fera place à l'aisance universelle.

Nous savons qu'il faut à cette transformation le concours du temps; mais aujourd'hui les idées et les événements marchent vite; le rapide succès de l'assurance
mutuelle en cas de vie, dans notre pays, en est la
preuve, et nous ne croyons pas être téméraires en pré-
disant que l'épargne collective au profit des héritiers
mettra moins d'années à s'universaliser dans la totalité
de la population française qu'elle n'en a mis à se répandre parmi certaines classes en Angleterre. Dès son
début, c'est cette universalité que nous devons avoir en
vue. En elle réside et l'espoir et le mérite de l'institution. Nous ne voulons point, nous ne pouvons point
faire de l'assurance humaine une œuvre de coterie, un
privilége de l'aristocratie de fortune; d'un autre côté,
si nous la renfermions dans la classe prolétaire, comment pourrait-elle tirer cette classe de sa pauvreté?
Comment les ouvriers, par exemple, pourraient-ils arriver à se constituer une pension dans le cas de vieillesse
ou d'infirmité, s'ils devaient la former uniquement
avec des économies prélevées sur leurs salaires, toujours si modiques et souvent nuls ? Les caisses de secours mutuels formées entre ouvriers, sans le concours
des classes plus aisées, n'ont jamais pu donner qu'une
assistance temporaire à leurs assurés les plus nécessiteux. Malgré l'économie et la loyauté de leur administration, ces établissements ont eu pour unique effet de
pallier quelquefois la misère, ils furent toujours impuis-
sants à la guérir. La véritable caisse de retraite et d'héritage de l'ouvrier, c'est l'assurance générale qu'il pourra

contracter des assoviations avec les autres classes ; par
ce moyen, sans que l'intérêt individuel ait à souffrir, la
solidarité des assurés de toutes conditions réunissant le
dépôt du riche à celui du pauvre, et la mort donnant le
signal des répartitions, tous laisseront leurs héritiers
nantis dans une proportion d'abord inégale, mais que
nous verrons chaque jour se rapprocher de l'égalité. En
dehors de ce système, qui fait des heureux sans faire de
victimes, qui charge la nature de réparer doucement et
sans crise les injustices de la société, il n'y a rien, si
ce n'est la taxe des pauvres, expédient inefficace et
ruineux, prime payée à la paresse, à la mendicité, par
une mesure qui, chez un peuple voisin, dépouille le
riche sans profiter à l'indigent. L'épargne collective, au
contraire, en combinant l'assurance viagère avec l'assurance en cas de mort, la caisse de retraite avec la caisse
d'héritage, enrichit l'indigent sans imposer à l'homme
aisé le moindre sacrifice, prépare la fusion des classes,
et dès à présent les marie entre elles et les rattache à
l'état par les liens d'une paisible et bienveillante solidarité.

La démocratie, ce principe de gouvernement que la
France a fait triompher pour le bonheur du monde,
n'est, à la vérité, qu'une forme, mais cette forme est
indispensable à l'assiette d'une organisation juste et régulière du travail. Nous en trouvons l'exemple et la
preuve dans toutes les associations industrielles et commerciales ; toutes sont fondées sur l'élection, sur le contrôle, sur la toute-puissance exercée par la majorité.
Mais plus les membres d'une société sont souverains et

libres, plus il est nécessaire que leurs intérêts soient étroitement liés, ou, pour mieux dire, identiques : la solidarité des intérêts est le contre-poids de la liberté. C'est pour ne pas avoir compris cette vérité que les gouvernements constitutionnels en France ont été jaloux des droits du peuple ; c'est pour avoir négligé l'organisation industrielle du pays qu'ils ont été réduits à disputer aux masses l'exercice de leur souveraineté ; c'est à cette erreur, c'est à cette incurie qu'on doit attribuer leur chute. L'institution si féconde des assurances, en particulier, n'attirait que faiblement leurs regards ; ils se contentaient d'en faire l'objet d'une surveillance routinière. Ils ne surent pas employer au profit de la prospérité générale cet élément nouveau que les progrès de la science et de la civilisation jetaient sur leur chemin ; ils laissèrent peser sur des administrations privées tout le fardeau d'une création laborieuse qui, même dans cet état d'abandon, et par sa seule vertu, contribua si puissamment au maintien de l'ordre, et qui, sous le patronage actif du pouvoir, peut l'assurer pour jamais.

La richesse publique n'a pas moins à gagner que l'ordre à la propagation de l'assurance humaine. En effet, la constitution progressive de l'héritage, à laquelle nous avons montré que la classe prolétaire peut atteindre en associant ses épargnes avec celles du riche dans un contrat aléatoire, et sans imposer aucun sacrifice pécuniaire au trésor, cette admission des citoyens les plus pauvres aux avantages de la propriété n'est pas seulement pour l'Etat un gage de paix, mais elle tend à diminuer considérablement ses charges. Chaque famille d'ouvriers agricoles ou manufacturiers qui participe, même pour la plus faible portion, au versement des épargnes testamentaires, passe, pour ainsi dire, de la charge du gouvernement à celle d'une vaste institution de secours mutuels, qui remplace le pays dans l'obligation de nourrir les invalides du travail, et, à leur décès, de secourir leurs veuves et d'élever leurs orphelins. Sous ce rapport, l'application de l'épargne à la formation des caisses de retraite et d'héritage est encore plus nécessaire en France qu'en Angleterre : car, dans notre pays, il n'existe ni cette aristocratie millionnaire qui, chez nos voisins, a pu subvenir jusqu'à ce jour à l'entretien d'une foule de misérables, ni ce commerce colossal qui fait payer à l'univers le budget de la charité britannique.

La France, que dirigent de plus justes principes, ne veut pas se couvrir d'une immense population d'indigents, péniblement et défectueusement assistés par un petit nombre de propriétaires et de capitalistes. L'inégalité de condition de ses habitants, quoique déjà beaucoup moins forte qu'en d'autres pays, lui semble encore excessive, et l'est en effet, non seulement au point de vue abstrait de l'équité, mais par rapport à l'état de civilisation du plus grand nombre. Ce que nous devons dès lors nous proposer, c'est bien moins de soulager que d'extirper la misère ; et, d'après les raisons que nous avons puisées dans la nature de l'épargne collective, il est de toute évidence qu'une telle institution doit devenir l'énergique auxiliaire de toutes les mesures que la politique et la philanthropie prendront contre cet abominable fléau.

L'économie de secours aux indigents dont nous venons de parler, et qui peut recevoir une extension illimitée, n'est pas le seul service que l'assurance humaine promet de rendre aux finances du pays ; elle peut encore, en prenant tous les développements dont elle est susceptible, fournir à l'Etat, par de perpétuelles avances de fonds, le moyen d'accomplir d'utiles travaux, d'accroître, par conséquent, la richesse générale et le produit de l'impôt, et d'éteindre peut-être une portion de la dette publique.

Prenons notre point de départ dans les recettes qu'ont opérées depuis six ans les sociétés d'assurances mutuelles en cas de vie.

La première ordonnance d'autorisation d'un établissement de ce genre est datée du 29 juillet 1841. Dans ce court espace de temps qui s'est écoulé depuis lors, les différentes compagnies qui se sont formées ont fait des placements en titres de rentes dont la valeur, au commencement de la présente année, s'élevait à plus de cent trente millions. La moyenne des encaissements annuels sur les six ans écoulés est de trente à quarante millions ; mais ils sont en progrès de dix millions chaque année. L'augmentation ne dût-elle pas devenir plus forte, cette combinaison des recettes passées, présentes et futures, n'en porterait pas moins à plus d'un milliard la somme que le trésor encaissera dans les douze prochaines années ; mais il est permis d'attendre encore des plus-va-

lues considérables du développement naturel de l'institution, de la révision imminente des statuts des sociétés, qui fera disparaître beaucoup de difficultés matérielles, et à l'intervention des receveurs particuliers et
des percepteurs de contributions dans le recouvrement
des annuités souscrites auxdites sociétés; intervention
qui probablement leur sera bientôt accordée par M. le
ministre des finances, puisque ces recouvrements, dans
les chefs-lieux des départements, s'opèrent déjà par
l'entremise des receveurs généraux.

L'assurance mutuelle en cas de mort est destinée à
réunir des capitaux encore plus considérables que la première, et, sans parler des autres Compagnies anglaises,
nous n'en voulons pour preuve que les répartitions de la
seule *Equitable* de Londres, qui, depuis l'époque de sa
fondation, a distribué plus de neuf cents millions parmi
ses sociétaires. Et cependant, comme nous l'avons expliqué plus haut, cet établissement a langui pendant la
première moitié de son existence, tant à cause de son
imperfection primitive que par l'effet de la lenteur que
le public a mise à se familiariser avec ces combinaisons
nouvelles pour lui. Remarquons encore que, par les
conditions qu'elle impose à ses bénéficiaires, *L'Equitable Society* n'est accessible qu'aux classes les moins nombreuses. Aucune de ces causes de ralentissement et de
restriction n'existe en France. Les esprits chez nous sont
préparés : l'assurance de survie a, par son rapide et
brillant succès, frayé les voies à l'assurance en cas de
mort, qui, se présentant comme elle sous un caractère

démocratique, et se prêtant à des applications plus éten-
dues, doit réunir des capitaux encore plus importants.

Supposons néanmoins, contrairement à toute vrai-
semblance, que l'assurance en cas de vie ne s'accroîtra
que dans la mesure du passé, que l'autre assurance n'a-
tirera pas des sommes plus élevées que celle-là, c'est
toujours à deux milliards qu'il faudrait évaluer la recette
des douze prochaines années.

Jusqu'à ces derniers temps, malgré les réclamations
des Compagnies, les fonds des Sociétés d'assurances
étaient immobilisés en rentes sur l'Etat. Cet emploi présentait le double inconvénient de rendre le produit des
répartitions incertain, en le soumettant aux fluctuations
de la rente, et de priver le gouvernement de l'usage
d'une masse de capitaux dont il aurait pu se servir beaucoup plus sûrement que de ceux des caisses d'épargnes,
puisque les répartitions des assurances, toujours prévues, ne devaient s'accomplir qu'au bout d'un certain
nombre d'années.

Cet obstacle vient d'être levé par une sage décision
du gouvernement actuel. Désormais l'Etat sera, non
plus le caissier, mais le débiteur de l'épargne collective, et la remboursera soit en espèces, soit en valeur
invariable.

Ainsi, les deux milliards auxquels nous avons porté
le minimum de la recette probable des douze prochaines années seront mis à la libre disposition du trésor ;
et ce chiffre, en admettant même qu'il dût rester stationnaire, représenterait un prêt perpétuel : car les

sommes sortantes, dans l'assurance de survie en temps
fixe, et dans l'autre lors du décès de chaque souscripteur, sont continuellement remplacées par de nouveaux versements.

Voilà donc un emprunt gratuit de deux milliards,
dont les remboursements réguliers ne peuvent embar-
rasser le trésor, comme font quelquefois, et précisément
dans le temps de crise, les remboursements imprévus
de la caisse d'épargne. Cet emprunt de deux milliards,
nous le répétons, ne coûtera rien à l'état; tandis que de
1830 à 1848, en pleine paix et dans l'espace de dix-
huit années, il n'a pu demander au crédit que neuf cent
dix millions, qui lui furent toujours prêtés à des conditions plus ou moins onéreuses.

TROISIÈME PARTIE

CHAPITRE UNIQUE.

PLAN D'UN ÉTABLISSEMENT D'ÉPARGNES TESTAMENTAIRES.

Les opérations d'assurance en cas de mort ont été jusqu'à ce jour, en France, le partage exclusif d'un petit nombre de Compagnies propriétaires. Nous avons signalé ce fait dans les chapitres précédents, et nous en avons indiqué la cause : nous avons montré qu'en dépit de la supériorité de l'assurance mutuelle sur l'assurance commerciale, supériorité non moins grande sous le rapport politique et moral que sous le point de vue pécuniaire, cette dernière institution devait cependant l'emporter, tant que l'épargne collective ne serait point parvenue, comme la spéculation, à donner à ses clients des perspectives certaines ; tant que nous n'aurions pas su, comme les Anglais, déduire du principe de la mutualité testamentaire non seulement une caisse de secours économique, mais une véritable assurance, fixant à chaque souscripteur, dès la signature du contrat, le minimum de capital que ses héritiers toucheront à l'époque de son décès, sans préjudice des accroissements éventuels.

Cette lacune dans l'organisation de la mutualité, nous la voulons remplir. Cet exemple donné par un peuple voisin, nous le voulons suivre, et tel est l'objet du plan qui va passer sous les yeux de nos lecteurs.

Les Compagnies dites *à primes*, c'est-à-dire les Compagnies propriétaires ou commerciales, ont obtenu, dans l'assurance en cas de mort, des résultats qui peuvent paraître considérables en eux-mêmes ; mais, si nous les comparons à l'étendue des besoins existants, nous trouverons qu'entre les mains de la spéculation, cette branche, la plus importante de l'assurance humaine, n'a reçu que de faibles développements ; nous reconnaîtrons que, sous le régime commercial, cette institution, destinée à constituer l'héritage, à fonder l'avenir des familles, ne pénètre que lentement et difficilement dans nos mœurs.

Sans doute, les principes sur lesquels reposent les contrats de ce genre, les bienfaits qu'ils assurent, les garanties qu'ils donnent contre des éventualités menaçantes, ne sont pas encore assez appréciés du public ; mais, pour qu'il les apprécie, il faut d'abord les lui faire connaître et les lui bien expliquer. Cette mission, les Compagnies propriétaires, dont les actes sont d'une nature toute privée, et qui traitent séparément avec chacun des souscripteurs sans les rattacher entre eux, ne paraissent pas destinées à la remplir ; et sans rappeler ici les autres considérations, précédemment énumérées, qui plaident en faveur de la mutualité, ce n'est pas un des moindres avantages de ce système que la publicité nécessaire, obligée, de toutes les opérations qu'il embrasse : car, d'une part, cette publicité met incessamment les assurés en état de connaître la situation de leurs affaires ; et, de l'autre, elle propage très activement un principe de prévoyance, qui, tout à la fois, se manifeste et se recommande par l'exposition de tous les faits et gestes de l'association.

Aujourd'hui le moment nous semble être venu d'étendre aux assurances en cas de mort le système de la mutualité, dont chez nous l'application n'a presque pas encore dépassé la sphère des assurances en cas de survie et de celles contre l'incendie.

Ce nouvel emploi d'un système juste, large et fécond, ne saurait manquer d'avoir un plein succès en France ; il semble devoir y produire des résultats plus grands et plus heureux encore qu'en Angleterre, comme nous l'avons surabondamment prouvé dans la deuxième partie de cet ouvrage. Mais, pour que ces prévisions se réalisassent, il était nécessaire que les éléments du système de la mutualité testamentaire fussent mis à la portée de tout le monde. Nous en avons donné déjà la théorie ; il nous reste, dans les pages qu'on va lire, à les exposer d'une manière pratique et détaillée.

A cet effet, nous examinerons d'abord la valeur des calculs de probabilités de la vie humaine, qui doivent servir de base à ces sortes d'associations. Nous évaluerons, d'après les données de la science, les écarts auxquels les lois de la mortalité sont sujettes, et qui diminuent en raison inverse du nombre des individus et de la longueur du temps. Nous pourrons dès lors estimer exactement l'intensité des risques et l'importance des cotisations nécessaires pour les neutraliser.

Puis, lorsque nous aurons assis un tarif de primes sur ces bases, nous poserons les règles au moyen desquelles il est possible de déterminer le passif et l'actif d'un établissement d'épargnes collectives et testamentaires, c'est-à-dire celles qui permettent de supputer, à toute époque, la valeur des assurances souscrites, afin, s'il y a lieu, de restituer à chaque sociétaire, sous une forme à déterminer ultérieurement, ce qui, dans les primes par lui payées, aura été reconnu excessif, en vertu de la différence en moins entre la mortalité réelle et la mortalité fictive donnée pour base aux tarifs.

Ce système de restitution, dont le résultat doit être de ramener les tarifs à ce qu'ils eussent été si l'on avait pu les établir sur la mortalité réelle, étant expliqué, nous nous demanderons sous quelle forme il convient de distribuer ces plus-values que nous appellerons *bénéfices*, en conciliant, toutefois, la sécurité de l'établissement avec l'intérêt des assurés.

Nous nous occuperons ensuite des conditions qui doivent être attachées à la résiliation ou au rachat des contrats, et nous indiquerons par des exemples la méthode que devront suivre les sociétaires pour se rendre compte des sommes qu'ils seront en droit de réclamer et de celles qu'ils devront abandonner, le cas échéant.

Ces principes arrêtés, nous ferons l'évaluation des

risques et des charges qui pourront peser sur l'établissement à sa naissance. Nous en déduirons la nécessité
de constituer un fonds d'avance sur lequel soit prélevé le
paiement des sinistres dans le cas où, contre toute at-
tente, les primes reçues séraient insuffisantes pour faire
face aux engagements contractés.

Enfin, après avoir déterminé les garanties administratives que l'on peut exiger d'une institution de ce
genre, nous demanderons à l'expérience d'une célèbre
Compagnie anglaise, plusieurs fois citée dans cet ouvrage, de confirmer, par l'autorité des précédents,
les théories que nous aurons établies et que nous désirons propager.

§ Ier.

DES CALCULS DE PROBABILITÉS DE LA VIE HUMAINE QUI DOIVENT SERVIR DE BASE AUX OPÉRATIONS D'UN ÉTABLISSEMENT D'ASSURANCES MUTUELLES EN CAS DE MORT.

Il est universellement reconnu que les lois de la mortalité subissent des variations considérables, selon qu'elles s'appliquent à la généralité d'une population ou à certaines classes de cette même population.

De la longévité du peuple et de la classe assurable. La longévité de la classe assurable, c'est-à-dire de la classe qui se trouve dans les meilleures conditions d'hygiène, doit en effet différer notablement de la longévité des prolétaires, exposés à toutes sortes d'intempéries, épuisés par des fatigues excessives, se livrant à des travaux dangereux, mal vêtus, mal nourris, mal soignés dans leurs infirmités et leurs maladies. Dès lors, si l'on veut appliquer aux assurances les calculs de **Nécessité d'une table spéciale pour les assurances sur la vie.** probabilités de la vie humaine, il faut avoir recours non pas à des tables de mortalité faites pour une population tout entière, mais à des données spéciales se rapportant exclusivement aux têtes choisies sur lesquelles reposent les opérations d'un établissement de ce genre.

De la table de Deparcieux. Cette mortalité spéciale, Deparcieux nous la fait connaître dans son *Essai sur les probabilités de la vie humaine,* publié en 1746. Nous y trouvons une table dressée d'après les observations par lui recueillies pendant une période de cinquante ans, observations qui portent sur les personnes, au nombre de 10 000 et de tout âge, intéressées aux tontines de 1689 et de 1696.

Un tel champ d'étude était certainement suffisant, sous le rapport du nombre comme sous celui de la durée, pour l'exacte appréciation des bases qui doivent nous servir de point de départ. Et d'ailleurs, si nous mettons en regard des travaux des statisticiens français les résultats des observations faites pendant soixante ans sur plus de 280 000 têtes assurées à *L'Équitable* de Londres, nous aurons la conviction que la table de Deparcieux exprime aussi fidèlement que possible la marche que la mortalité paraît destinée à suivre parmi les têtes choisies appelées à faire partie de la Société que nous projetons. Deux tarifs d'annuités viagères calculés, l'un sur la mortalité moyenne de l'établissement anglais, l'autre sur la table de notre compatriote, donnent pour prix d'une annuité de 100 fr. :

Comparaison des travaux de Deparcieux avec les observations de la Société *L'Équitable* de Londres.

Ages.	D'après la table de Deparcieux.	D'après la mortalité moyenne de *L'Équitable* de Londres.
A 20 ans.	1,558	1,572
A 30 ans.	1,484	1,463
A 40 ans.	1,362	1,323
A 50 ans.	1,158	1,137
A 60 ans.	917	923

Les différences sont, comme on le voit, tantôt en plus, tantôt en moins ; mais la plus forte n'excède pas

2 1/2 p. 100. Une telle conformité paraîtra vraiment surprenante, si l'on considère combien les deux sources d'où proviennent ces données diffèrent entre elles par les lieux, les temps et les climats. D'ailleurs les proportions que nous exprimons en chiffres ronds ne sont qu'approximatives; il suffirait de les soumettre à des modifications très légères pour faire concorder exactement la mortalité moyenne de la Société *L'Équitable* avec celle indiquée par Deparcieux, qui reçoit d'elle une conformation d'autant plus imposante que les observations de Londres portent sur une masse bien plus considérable que celles des tontines françaises.

Pour faire encore mieux ressortir cette coïncidence, nous rapprocherons, dans le tableau suivant, les décès réels des membres de *L'Équitable* anglaise et les évaluations de l'auteur de l'*Essai sur les probabilités de la vie humaine* :

Ages.	Nombre de têtes.	Nombre d'assurés décédés.	Nombre des décès qui auraient dû avoir lieu	
			D'après les tables de Northampton	D'après Deparcieux.
De 20 à 30 ans.	543	2	5	5,56
De 30 à 40 ans.	485	11	18	10,67
De 40 à 50 ans.	1,627	29	38	22,54
De 50 à 60 ans.	1,880	34	62	41,42
De 60 à 70 ans.	1,241	55	59	51,57
De 70 à 80 ans.	574	47	50	48,28
De 80 à 90 ans.	80	18	15	13,02
Totaux. . . .	6,430	196	247	190,66

Toutefois il est à remarquer, et ce point est de la plus haute importance, il est à remarquer, disons-nous, que si les probabilités de vie suivent des règles invariables lorsqu'on embrasse des temps et des nombres suffisants, ces mêmes règles, appliquées à certaines périodes ou à certaines catégories partielles, souffrent des exceptions qu'il est nécessaire de prévoir et contre lesquelles on ne saurait trop se tenir en garde.

En thèse générale, pour que les calculs établis sur les chances de la vie humaine reçoivent dans la pratique une vérification à peu près certaine, il faut qu'ils comprennent un grand nombre d'individus et un long espace de temps.

Plus ces deux termes, le nombre et la durée, s'accroîtront, et plus il deviendra probable que les décès auront lieu conformément à la loi moyenne de la mortalité.

L'expérience de *L'Équitable Society* démontre jusqu'à la dernière évidence la vérité de cette règle. Dans l'établissement anglais, les résultats, soit en mortalité, soit en bénéfices, sont à peu près uniformes tous les ans. Mais au début d'une Société de ce genre, quelque effort que l'on fasse, on ne peut guère s'attendre à réunir immédiatement un nombre considérable d'assurés ; c'est pourquoi la prudence commande de mesurer l'étendue des écarts qui peuvent résulter du petit nombre, afin de prévenir les funestes conséquences qu'ils pourraient avoir sur le crédit d'une institution naissante.

Il existe un document qui permet d'apprécier les variations que la mortalité présente quand cela s'appli-

Évaluation des écarts de la mortalité, d'après des données spéciales.

que à un petit nombre de têtes. Nous possédons les observations auxquelles a donné lieu la population des tontines fondées en 1689 et en 1696. Les renseignements fournis par ces Sociétés ont été résumés en tableaux ; les classes dont elles se composaient ont été réunies par masses d'individus. Voici les résultats que donne ce travail pour une période de trois années et pour un nombre de 144 têtes.

3 cas où la mortalité réelle a dépassé de près de moitié la mortalité moyenne établie dans les tontines mêmes.

67 cas où elle a été plus forte dans la proportion d'un cinquième environ.

70 cas où elle a été plus faible, mais sans descendre au dessous des deux tiers.

4 cas où elle est descendue au dessous des deux tiers.

Résultats d'un tarif de primes calculées sur la mortalité réelle.

Il est évident que, si l'on voulait établir exactement une table de mortalité sur ces données, et que cette table devînt à son tour la base d'un tarif de primes, le tarif ne laisserait aucune marge contre l'éventualité des écarts. Si, par exemple, dès la première année, la mortalité réelle venait à dépasser la mortalité moyenne, en ce cas l'établissement, n'ayant aucune réserve, ne pourrait remplir les engagements qu'il aurait contractés. Il faudrait donc que les Sociétaires attendissent l'époque où les primes reçues pourraient suffire à les désintéresser, ce qui ne serait possible qu'après une période de plusieurs années.

Exemple :

Une prime annuelle de 3 404 fr., payée à partir de

cinquante ans pour obtenir une assurance de cent mille francs, représente exactement les probalités de vie à cet âge. Or, un établissement qui ferait cette opération avec chacun de ses membres, et qui posséderait une masse d'assurés de cet âge assez considérable pour que la mortalité suivît au milieu d'eux l'ordre donné par les tontines françaises, se trouverait avoir précisément en caisse, à la mort du dernier Sociétaire, les cent mille francs à payer en raison de ce décès.

Si, au contraire, la mortalité réelle dépasse d'un seul décès la mortalité moyenne prise pour base du tarif, il s'ensuivra qu'à la mort du dernier assuré l'établissement sera en déficit des cent mille francs représentant la dernière assurance.

Mais si la Société traite avec ses membres à raison d'une prime annuelle de 4 256 fr. au lieu de 3 404 fr., la différence, à savoir 852 fr., constituera sa réserve contre les variations éventuelles de la mortalité. En d'autres mots, sur les 4 256 fr. que l'assuré lui paie annuellement, 3 404 fr. peuvent être considérés comme le prix de l'assurance, puisqu'ils doivent, en terme moyen, suffire à l'acquit des engagements. Quant aux 852 fr. restants, l'établissement en bénéficiera tous les ans, sauf, si l'éventualité prévue ne se réalise pas, à les restituer sous forme de bénéfice à chaque sociétaire (1).

(1) Nous discuterons plus loin la manière dont devra s'opérer cette restitution.

Base du calcul d'une table de mortalité fictive.

En comparant la mortalité réelle avec la mortalité moyenne des tontines de 1689 et de 1696, nous avons vu que, sur 144 cas, il y en avait eu 67 dans lesquels la première avait dépassé la seconde d'un cinquième environ, tandis que dans beaucoup d'autres les écarts de la loi commune s'étaient présentés en sens inverse. Si donc les primes calculées sur une table telle que celle de Déparcieux (qui prévoit déjà les écarts, puisqu'elle est établie sur la moyenne fournie par ces mêmes tontines) sont augmentées de vingt pour cent, l'établissement aura la certitude de n'éprouver aucune perte, même à sa naissance, et de pouvoir servir la totalité des assurances, lors même que, pendant toute la durée des vies assurées, la mortalité réelle serait d'un cinquième plus forte que la mortalité moyenne.

Principe inverse appliqué aux annuités viagères.

On peut appliquer un principe analogue au calcul des annuités viagères, dans lequel il faut se prémunir contre les effets d'une faible mortalité.

Les études faites sur les tontines nous apprennent que, dans certains cas, la mortalité réelle ne s'est élevée qu'aux deux tiers de la mortalité moyenne. Pour se mettre à l'abri d'un pareil risque, il suffit de composer une table de mortalité fictive et d'y réduire, dans le rapport de 3 à 2, les nombres proportionnels que donne la mortalité moyenne. On obtiendra par ce procédé les bases d'un tarif qui pourra servir à rendre, pour la fixation des rentes viagères, les mêmes services que le tarif précédent pouvait être mis en usage pour celle des sommes assurées en cas de mort.

Toutefois, quelque sécurité que puisse offrir l'application de cette théorie, il est permis de craindre encore qu'au début, et jusqu'à ce que l'on ait atteint un chiffre normal d'assurés, les écarts de la mortalité n'absorbent et au delà le montant des primes, de manière à frapper l'établissement d'une perte considérable.

Si nous consultons l'histoire de *L'Équitable* anglaise, nous voyons que cette Société, quoique ayant commencé ses opérations sans le moindre capital, n'a jamais éprouvé d'embarras pour satisfaire ses créanciers ; nous voyons encore que, de 734 membres dont elle se composait en 1774, elle est arrivée, par une série de progrès toujours croissants, au décuple de ce nombre, et qu'elle a pu former, ainsi que M. Morgan le constatait après 35 ans d'exercice, un capital de 10 825 000 l. st. (soit 75,775,000 fr.) pour faire face aux engagements contractés par elle.

Marche ascendante des opérations de L'Équitable Society.

Cependant, quel que soit notre respect pour l'autorité d'un pareil exemple, nous croyons qu'on ne saurait trop prendre de précautions afin de garantir les débuts de l'institution contre toute espèce de catastrophe. A cet effet, deux moyens se présentent.

Mesures complémentaires pr mettre l'établissement à l'abri des écarts de la mortalité.

Le premier consiste à limiter le chiffre des sommes assurées, jusqu'à la réunion d'un nombre donné de sociétaires.

Le second moyen, c'est de pourvoir, par la création et l'entretien d'un fonds d'avance assez considérable, aux paiements imprévus et extraordinaires que peuvent nécessiter les écarts de la mortalité.

Ces précautions assureront évidemment de la manière la plus complète l'exécution des engagements que la Société aura pris envers chacun de ses membres. Elles seront en même temps une réponse péremptoire aux objections que l'on pourrait élever contre la solidité d'un établissement de ce genre; car il est visible que les compagnies propriétaires elles-mêmes, en dépit de leur cherté, ne sauraient offrir des garanties plus efficaces.

§ II.

**INVENTAIRES. — RÉPARTITION DES BÉNÉFICES RÉSULTANT DE L'EXCÉ-
DANT DES SOMMES REÇUES SUR LES RISQUES QU'ELLES SONT DESTINÉES
A COUVRIR. — DISTRIBUTION DES BÉNÉFICES ENTRE LES SOCIÉTAIRES.**

Inventaires.

L'élévation de prime qui résulte de l'emploi d'un tarif calculé sur les bases que nous venons d'indiquer,
met nécessairement à trop haut prix l'assurance ou les
rentes viagères que l'on veut acquérir.

En exigeant des assurés un versement annuel de
4 256 fr. en retour d'un engagement que 3 404 fr. de
prime pourraient suffire à payer, la Société se propose
surtout de se couvrir contre les chances défavorables
d'une mortalité extraordinaire, au moyen des 852 f. qu'elle
prélèvera tous les ans en sus de la valeur moyenne de
l'assurance. Toutefois il est fort possible que l'écart
prévu ne se réalise pas. Dans ce cas, cette différence
que nous venons de signaler entre la prime due par
suite de la mortalité réelle et celle payée en vertu de
l'adoption d'un tarif basé sur une mortalité fictive, cette
différence, disons-nous, constitue un bénéfice qu'il est
nécessaire d'évaluer exactement sur l'ensemble des assurances souscrites, afin d'en opérer ensuite la répartition entre les sociétaires.

A cet effet, il sera dressé tous les cinq ans un inventaire qui fera connaître l'actif et le passif de l'établisse-

*Époque fixée
pour les inven-
taires.*

ment, et, par conséquent, permettra de fixer d'une manière précise la quotité des bénéfices à répartir.

On conçoit que le procédé dont il sera fait choix pour dresser ce bilan des opérations de la Société doit exercer une influence très grande sur ses finances. En effet, une erreur de principe en pareille matière amènerait infailliblement, dans un temps donné, la ruine de l'institution.

Il est donc de la plus haute importance de poser les bases du calcul et d'expliquer avec détail le procédé par l'emploi duquel nous constaterons le passif de la Société, à quelque époque que ce soit.

Supposons 806 personnes de 21 ans, assurées chacune pour la somme de 100 000 fr. D'après le tarif que nous avons admis, la prime annuelle à leur demander serait de 1 753 pour cent.

Ces 806 assurés verseront, en conséquence, une somme [de 1 753 fr. chacun, au commencement de la première année; ce qui mettra dans les mains de l'établissement un capital de. . . . . . F.   1 412 918

Intérêts à 4 0⁄0. . . . .   56 516   72

Total . . . . F.   1 469 434   72

Sur ce nombre d'assurés, il en meurt, suivant la table de Deparcieux, huit dans le courant d'une année; par conséquent, la Société devra payer. . . . . F.   800 000

Il lui restera . . . . F.   669 434   72

Cette somme représentera son actif, mais ne constituera pas pour elle un bénéfice réalisé partageable. La
Société ne cesse pas d'avoir une charge à remplir envers
les 798 assurés survivants. A chacun d'eux, elle doit
continuer son assurance de 100 000 fr., moyennant le
paiement de la prime de 1 753 fr. C'est là le passif
qu'il est indispensable d'évaluer, si l'on veut connaître
le véritable bénéfice de l'année.

Pour obtenir ce résultat, déterminons la somme que
l'on demanderait à un nouvel arrivant de 22 ans qui
prétendrait au même droit dont jouit chacun des 798
premiers sociétaires, c'est-à-dire qui voudrait obtenir
une assurance de 100 000 fr.

Il est clair que la prime de 1 753 fr., payée l'année
d'auparavant par des sociétaires de 21 ans, ne peut
plus suffire pour un assuré de 22 ans. A cet âge, ladite
prime ne donnerait droit qu'à une assurance de 98 044
francs. Pour que la somme assurée pût être portée à
100 000 francs, il faudrait que la prime s'élevât à
1 788 fr. (1).

Afin que ce nouveau contractant pût arriver à la condition des anciens, il devrait donc acheter une assurance qui, jointe à celle de 98 044 fr., complétât les
100 000 fr. Cette assurance, devant être payée au
comptant, s'évaluerait d'après le tarif des primes uniques.

Le taux de cette prime additionnelle, pour l'âge de

______

(1) 1 788 est à 100 comme 1 753 est à 98 044.

22 ans, est de 33,50 pour cent. Donc, par l'emploi de la règle de trois, nous trouverons qu'il devrait être payé 656 fr. 0,67 pour supplément d'assurance.

Telle est la somme pour laquelle chacun des 798 assurés doit être considéré comme créancier de l'établissement. En multipliant cette somme par 798 on aura
pour le montant du passif, . . . F.   523 541 466
L'actif étant de . . . . F.   669 434 720
nous trouvons, pour le montant des
bénéfices. . . . . F.   145 893 254

A la clôture de chaque inventaire ainsi fait, l'établissment se trouve dans la même situation qu'au début de ses opérations, alors qu'il venait de toucher le prix des engagements par lui contractés envers chacun des sociétaires; le passif étant déterminé d'après les tarifs qui doivent servir de règle au paiement des primes, il en résulte que les polices non éteintes qui constituent ce passif réservent encore à la Société pour l'avenir les mêmes chances de bénéfice que lui offrirait l'admission de 798 nouveaux assurés de 21 ans.

Le passage suivant d'un rapport adressé par M. Morgan à l'assemblée des sociétaires de *L'Équitable* de Londres expose d'une manière fort simple les procédés mathématiques au moyen desquels on parvient à déterminer le passif de l'établissement anglais.

« C'est aujourd'hui la troisième fois depuis vingt-cinq
» ans, dit-il, que j'ai été chargé de vérifier l'état réel
» des finances de la Société, par supputation séparée de

» la valeur de chaque police d'assurance. En 1776,
» année de la première enquête, le nombre de ces po-
» lices ne s'élevait qu'à 913. En 1778, quand la
» deuxième enquête fut ordonnée, le nombre en était
» de plus de 2100; depuis cette époque, la Société
» s'est tellement accrue, tant par la quantité que par
» la quotité de ses assurances, qu'elle est devenue un
» grand objet d'intérêt public. Si donc, dans les deux
» occasions précédentes, il a été jugé convenable d'ex-
» poser les principes qui déterminent la formation de
» sa réserve, cette exposition sera certainement plus
» opportune encore aujourd'hui que, indépendamment
» de l'importance agrandie de la Société; sa réserve
» semble être montée à un chiffre si énormee, qu'il faut
» des preuves pour en établir la réalité.

    » Pour que la nature de cette enquête soit plus faci-
» lement comprise, il est bon de rappeler qu'on a re-
» connu qu'après les dix ou douze premières années,
» la vie humaine devient toujours plus précaire à me-
» sure qu'elle est plus avancée, et qu'en conséquence
» la même prime qui suffirait à couvrir une Société
» d'un risque d'extinction, dans le commencement de
» son existence, serait très loin d'être proportionnée au
» risque vers la fin de la même existence. De là vient
» que, dans les tarifs de notre Société, la prime de-
» mandée pour assurer une somme donnée, sur la vie
» d'une personne de 30 ans, n'est que moitié de la
» prime demandée pour assurer la même somme sur la
» vie d'une personne de 55 ans. Si donc une personne

» primitivement assurée dans le commencement de sa
» vie demandait, dans un âge plus avancé, la pleine
» valeur de l'intérêt acquis par elle dans sa police d'as-
» surance, il est évident que la valeur de cet intérêt
» serait augmentée en raison de la différence existant
» entre la prime qu'elle paie actuellement et la prime
» qu'elle serait obligée de payer pour une nouvelle as-
» surance à son âge actuel; en d'autres termes, la va-
» leur serait égale à ladite différence multipliée par le
» nombre d'années qu'une annuité sur sa vie vaudrait
» aujourd'hui comme prix d'achat, de telle sorte que, si
» elle offrait de vendre dans l'extrême vieillesse, son
» intérêt serait à peu près égal à la somme assurée.

» C'est sur ce principe qu'a été faite l'investigation
» des comptes de la Société; mais, en conséquence des
» différentes augmentations faites aux créances, d'au-
» tres calculs, indépendants de ceux qui concernent
» simplement la valeur des assurances primitives, sont
» devenus nécessaires; dès lors les opérations sont
» devenues complexes, mais nullement plus difficiles à
» expliquer.

» Comme la valeur actuelle de tous les paiements
» annuels sur une assurance, au moment où elle vient
» d'être faite, est précisément égale à la prime unique
» qu'il faudrait payer pour la même assurance ou, ce
» qui revient au même, à la valeur actuelle de la ré-
» version de la somme donnée après l'extinction de la
» vie assurée, il s'ensuit que, lorsque l'assurance aura
» continué de courir quelque temps et que la vie sera

» plus avancée, la valeur de ces paiements annuels de-
» viendra moindre, et la valeur de la réversion plus
» plus grande, jusqu'à ce que, à l'extrémité de la vie,
» la différence entre ces deux valeurs soit, comme dans
» le cas précédent, à peu près égale à la somme as-
» surée.

» Afin d'obtenir la valeur de chaque police dans notre
» Société, conjointement avec les valeurs des différentes
» augmentations qu'elle a reçues, il a fallu faire deux
» opérations séparées : 1° vérifier la valeur actuelle de
» la réversion de la somme additionnelle après l'extinc-
» tion de la même vie ; 2° vérifier la valeur actuelle de
» tous les paiements annuels qui seront probablement
» faits à l'avenir sur la police, ou ce que la Société doit
» à la personne assurée pour l'intérêt qu'elle possède
» dans son sein. Ainsi, nous supposons qu'une assu-
» rance de 1 000 liv. sterl. ait été faite, il y a dix-huit
» ans, sur la vie d'une personne alors âgée de 32 ans,
» et contre une prime annuelle de 27 liv. 8 s. 6 d., les
» différentes augmentations à ces sommes s'élèvent à
» 500 liv.; la valeur actuelle de 1 000 livres payables
» à la mort d'une personne aujourd'hui âgée de 50 ans
» est de 608 liv. 6 s. 6 d. ; la valeur actuelle de 500 liv.
» payables à la mort est de 304 l. 3 s. 3. d.; la somme
» de ces deux valeurs est de 912 liv. 9 s. 9 d. Si donc
» il n'y avait pas de paiements annuels à faire dans
» l'avenir, la Société serait débitrice de ce montant, en
» raison de l'intérêt acquis dans les assurances; mais
» comme, d'un autre côté, il est dû 27 liv. 18 s. 6 d. de

» prime annuelle pendant toute la durée de la vie de
» la personne assurée, et que la valeur d'une annuité
» sur une telle vie à l'âge actuel de 50 ans, est égale à
» 12 années 2[5 d'achat, il s'ensuit que la Société doit
» encore recevoir sur l'assurance l'équivalent du paie-
» ment actuel de 27 liv. 18 s. 6 d. multiplié par 12 2[5,
» c'est-à-dire 345 liv. 19 s. 6 d. environ, et par consé-
» quent que la valeur de l'intérêt n'est égale qu'à la
» différence entre cette somme et 912 liv. 9 s. 9 d.; en
» d'autres termes, qu'elle n'est que de 567 liv.

» Les valeurs de toutes les assurances ont été sup-
» putées de cette manière, et leur total ayant été déduit
» du capital que la Société possédait le premier jour de
» la présente année, le reste a été justement reconnu
» comme formant le surplus qui demeure acquis à la
» Société après l'extinction de toute créance, soit qu'elle
» résulte des conditions primitives du contrat ou des bé-
» néfices additionnels qui leur ont été annexés.

» Comme les principes sur lesquels ces calculs se
» fondent sont irrécusables, je ne vois de possibilité
» d'erreur que dans les calculs eux-mêmes. Il se peut
» très bien que dans un nombre aussi immense quelques
» méprises se soient glissées, mais elles n'auraient pu
» être d'une grande importance, sans qu'on les eût im-
» médiatement découvertes, et c'est pourquoi je n'hésite
» pas à déclarer que les comptes actuels renferment
» une exposition fidèle et correcte des finances de la
» Société. »

Le procédé mathématique au moyen duquel se font

les inventaires de *L'Équitable Society*, conduit absolument au même résultat que le nôtre.

En effet, nous avons vu qu'une personne de 21 ans possédant une assurance de 100 000 fr., et payant une prime de 1 753 fr., se trouve, à la fin de la première année, créancière de la Société pour la somme de 656 fr. 67 c. D'après la règle tracée par M. Morgan, le prix d'une assurance de 100 000 fr., placée sur une tête de 22 ans, étant égal à 33 507, on multiplie 1 753, valeur de la prime, par l'annuité placée sur une tête de 22 ans dont la valeur est 1 774. Le produit, soit : 31 098 fr. 22 c., représente le taux actuel de la prime à payer par l'assuré, jusqu'à la fin de sa vie.

Si de 33 507 fr. on retranche 31 098, 22 cent., le restant, soit 2 408, 78 cent., exprime la valeur de l'intérêt que l'assuré possède dans l'établissement au bout d'une année.

Mais de cette somme il faut encore déduire la première prime, soit 1 753 fr. qui, dans l'établissement que nous projetons, se paie comptant, tandis que, d'après les tables de Northampton, dont M. Morgan fait usage, elle n'est payable qu'au bout d'un an. Cette soustraction faite, nous arriverons à l'exacte évaluation du passif, c'est à dire, à 655 fr. 78 c. par chaque assuré ; la différence en moins 0 287, que l'on peut remarquer entre ce calcul et le précédent, provient de fractions négligées.

Pour bien faire comprendre le mécanisme, fort simple d'ailleurs, du procédé par lequel on effectue les in-

ventaires d'un établissement de ce genre, nous suppo-
serons un fonctionnement de cinq années portant sur un
nombre donné d'individus.

Application.

806 individus âgés de 21 ans s'assurent dans l'ordre suivant, et pour les sommes que voici :

1re année : 200 assurés, chacun pour 10 000 fr.
2e année . 203 assurés, chacun pour 12 500 fr.
3e année : 203 assurés, chacun pour 17 500 fr.
4e année : 200 assurés, chacun pour 20 000 fr.

Total : 806 assurés, ensemble pour 60 000 fr.

Pendant la période quinquennale, il meurt tous les
ans 8 individus sur le nombre des assurés. Nous sup-
poserons que les décès sont répartis également sur chaque classe.

2 décès	donnant lieu chacun au paiement d'une somme de :	10 000 fr.	20 000 fr.
2 décès		12 500 fr.	25 000 fr.
2 décès		17 500 fr.	35 000 fr.
2 décès		20 000 fr.	40 000 fr.

Le total à payer pour les sinistres par
chaque année est donc de . . . . 120 000 fr.

Comme le renouvellement des assurances s'effectue
chaque année d'une manière uniforme, on obtiendra
cinq séries dont les versements échelonnés donneront,
pour chaque année, une valeur croissante. Ainsi, la 1re
année, on recevra le 1er paiement des primes de la 1re

série; la 2ᵉ année, on recevra le 2ᵉ paiement des primes de la 2ᵉ série et le premier paiement des primes de la 2ᵉ série, et ainsi de suite.

Le nombre des décès étant aussi le même tous les ans dans chaque série, il se manifestera également une progression arithmétique croissante pour la même période. Par conséquent, l'établissement devra payer :

La 1ʳᵉ année, 120 000 fr. ;

La 2ᵉ année, 240 000 fr., et ainsi de suite.

Pour éviter une répétition, l'on se contentera de porter à chaque année le détail du paiement des primes sur la 1ʳᵉ série ; car les autres séries présenteront des valeurs identiques, à cette seule différence près que le 2ᵉ versement de la 1ʳᵉ série correspond au 1ᵉʳ versement de la 2ᵉ ; le 3ᵉ versement de la 1ʳᵉ au 1ᵉʳ versement de la 3ᵉ ; et ainsi de suite.

Fonctionnement.

Années.	Séries.	Nombre d'assurés.	Montant de chaque assurance.	Prime par assuré.	Total.	Intérêts à 4 p. 100 produits par les primes assurées et les reliquats de caisse.	Total général.	Observations.
1re année	1re série	200	10,000	175,300	35,060 »			L'actif de la Société, distingué par série et par classes, après le paiement des sinistres, est porté à la page suivante, 9e colonne.
		203	12,500	219,125	44,482 375			
		203	17,500	306,775	62,275 325			
		200	20,000	350,600	70,120 »			
		806			211,937 700 +8,477,508 = 220,415 208			

Capital à payer par suite de décès dans la 1re année.

Années.	Séries.	Nombre d'assurés.	Montant de chaque assurance.	Prime par assuré.	Total.	Intérêts à 4 p. 100 produits par les primes assurées et les reliquats de caisse.	Total général.	Observations.
		8 { 2	10,000	»	20,000			
		2	12,500	»	25,000			
		2	17,500	»	35,000			
		2	20,000	»	40,000			
		798			120,000	. . . . . .	120,000 »	
						Reste.	100,415 208	
2e année	1re série	198	10,000	175,300	34,709 400			
		201	12,500	219,125	44,044 125			
		201	17,500	506,775	61,661 775			
		198	20,000	350,600	69,418 800			
		798			209,834 100			
	2e série		1er versement.		211,937 700			
					421,771 800 +20,887 480 = 442,659 280			
			Paiement des sinistres de la 1re année...		120,000 »		543,074 488	
			de la 2e année...		120,000 »	. . . .	240,000 »	
						Reste..	303,074 488	
3e année	1re série	196	10,000	175,300	34,358 800			
		199	12,500	219,125	43,605 875			
		199	17,500	506,775	61,048 225			
		196	20,000	350,600	68,717 600			
		790			207,730 500			
	2e série		2e versement.		209,834 100			
	3e série		1er versement.		211,937 700			
					609,502 300 +37,303 071 = 666,805 371			
			Paiement des sinistres sur la 1re série...		120,000 »		969,879 859	
			Do		120,000 »	. . . . . .	560,000 »	
			Do		120,000 »			
						Reste..	609,879 859	

Fonctionnement.

Années.	Séries.	Nombre d'assurés.	Montant de chaque assurance.	Prime par assurance.	Total.	Intérêts à 4 p. 100 produits par les primes payées et les reliquats de caisse.	Total général.	Montant de l'actif par classes.
						Report.	609,879 859	
4e année	1re série	194	10,000	175,500	34,008 200			**1re Série.**
		197	12,500	219,125	43,167 625			
		197	17,500	506,775	60,434 675			1re cl. 85,485 10
		194	20,000	350,600	68,016 400			2e — 108,544 50
								3e — 151,961 94
		782			205,626 900			4e — 170,971 24
	1re série		3e vers. des primes.		207,750 500			
	2e do		3e do do		209,834 100			**2e Série.**
	3e do		1er do do		211,937 700			
								1re cl. 68,047 89
					835,129 200 + 57,800 362 = 892,929 200			2e — 86,590 65
								3e — 120,950 10
							1,502,809 421	4e — 136,095 78
			Paiement des sinistres de la 1re série..... 120,000 »					
			Do 2e .120,000 »					**3e Série.**
			Do 3e 120,000 »			......	480,000 »	
			Do 4e 120,000 »					1re cl. 50,894 39
								2e — 64,602 46
								3e — 90,444 55
						Reste..... 1,022,809 421		4e — 101,788 78
								4e Série.
5e année	1re série	192	10,000	175,500	55,657 600			
		195	12,500	219,125	42,729 375			1re cl. 55,816 01
		195	17,500	306,775	59,821 125			2e — 42,919 08
		192	20,000	350,600	67,315 200			3e — 60,089 61
								4e — 67,632 02
		774			205,523 300			
								5e Série.
	2e série		4e vers. de primes.		205,626 900			
			3e do		207,750 500			1re cl. 17,084 44
			2e do		209,834 100			2e — 21,680 48
			1er do		211,937 700			3e — 30,552 12
								4e — 34,168 88
					1,058,652 500 + 82,458 476 = 1,121,110 976			
							2,143,920 397	
			Paiement des sinistres :					
			1re série. 120,000 »					
			2e — 120,000 »					
			3e — 120,000 »			......	600,000 »	
			4e — 120,000 »					
			5e — 120,000 »					
			Reste à la 5e année......				1,543,920 397	1,543,920 40

Après le paiement des sinistres, la Société a donc en caisse 1 543 920 fr. 40 c.

Pour apprécier ses bénéfices, il faut évaluer les engagements qu'elle doit remplir envers les assurés, c'est-à-dire ce que valent aujourd'hui les capitaux garantis par elle.

Prenons, par exemple, l'assurance de la 1re classe 1re série.

La somme assurée est de 10 000 fr. La tête sur laquelle repose l'assurance avait 21 ans au jour de la transaction; elle est maintenant âgée de 26 ans. — La valeur actuelle d'une assurance de 10 000 fr. sur une tête de 26 ans est, d'après le tarif, de 3 551 fr. C'est cette somme que la Société doit conserver, pour garantir le paiement de la somme assurée, au jour du décès de l'assuré; c'est là le montant des droits de celui-ci dans la Société: ce qui, en un mot, lui serait attribué, si par exemple, on faisait la liquidation, en admettant toutefois que l'assuré ait payé la valeur de l'assurance par une prime unique, lorsque le contrat a été fait.

Mais comme, d'après le tableau de fonctionnement, l'assuré paie par primes annuelles, la Société ne lui doit les 3 551 fr., qu'à la charge par lui de tenir compte des paiements ultérieurs, évalués à 3 209 fr. 04 c. Cette déduction opérée, la différence de 341 fr. 96 c., est-ce que la Société doit rigoureusement conserver pour la sûreté de son obligation envers cet assuré, puisque cette somme représente la valeur des droits de celui-ci au jour de l'inventaire.

En opérant de même pour les diverses classes d'assurances, le résultat, ainsi qu'on va le voir par les tableaux qui suivent, donne pour l'ensemble des charges de la Société 1 173 439 fr. 21 c. Cette somme distraite de l'avoir en caisse, il reste 370 481 fr. 19 c., bénéfice réel de la Société, dont la répartition se fait entre les assurés, eu égard à leurs droits.

	fr.	c.
1re SÉRIE.		
1re *Classe.* — La Société doit la valeur actuelle d'une assurance de 10,000 fr., sur une tête de 26 ans, à chaque assuré de cette classe, soit.	3,551	
L'assuré doit sa prime : 175 fr. 30 ✕ 18.306, ci.	3,209	04
Valeur actuelle des droits de chaque assuré.	341	96
Il reste 190 personnes de cette classe. La Société doit donc 341 f. 96 ✕ 190, soit.	64,972	40
2e *Classe.* — La Société doit à chaque assuré la valeur actuelle d'une assurance de 12,500 fr., soit	4,448	75
L'assuré doit sa prime, 219 f. 125 ✕ 18.306, soit.	4,011	30
Valeur des droits de chaque assuré.	427	45
Il reste 193 personnes de cette classe. La Société doit donc 427.45 ✕ 193, soit.	82.497	85

(1) Les assurés qui avaient 21 ans à l'époque où ils ont signé leur contrat sont actuellement âgés de 26 ans. Chaque assuré doit à la Société la continuation du paiement de la prime pendant la durée de sa vie, ou, d'après le procédé de M. Morgan, la prime multipliée par le nombre d'années d'existence probable de l'assuré, c'est-à-dire multipliée par la valeur d'une annuité de 1 fr. sur sa tête.

Mais comme, dans l'usage, la prime est payée au moment de la signature du contrat, au lieu de l'être à la fin de l'année, on ajoutera une unité à la valeur de l'annuité, puisqu'il y a anticipation d'un an, et que toutes les tables sont calculées dans la supposition que le paiement a lieu à l'expiration de l'année.

L'annuité de 1 fr. sur une tête de 26 ans vaut 17 fr. 306 c.; en ajoutant une unité on obtient le nombre 18 fr. 306.

On suppose ici que le paiement annuel est dû, par exemple, à l'époque où l'on fait l'inventaire, c'est-à-dire à la fin d'une année, et que le paiement de la prime doit avoir lieu au commencement de l'année suivante.

	fr.	c.

SUITE DE LA 1re SÉRIE.

3e *Classe.*— La Société doit à chaque assuré la valeur actuelle d'une assurance de 17.500 fr., soit. . . . . . | 6,214 | 25
L'assuré doit sa prime, 306.775 $\times$ 18.306, soit. . . | 5,515 | 82

Valeur actuelle des droits de chaque assuré. . . . | 598 | 43

Il reste 193 personnes de cette classe : la Société doit donc 598.43 $\times$ 193, soit . . . . | 115,496 | 99

4e *Classe.* — La Société doit à chaque assuré la valeur actuelle d'une assurance de 20,000 fr., soit. . . | 7,102 | »
L'assuré doit sa prime, 350.60 $\times$ 18.306, soit . . . | 6,418 | 08

Valeur actuelle des droits de chaque assuré. . . . | 683 | 92

Il reste 190 pers.: donc la Société doit 683.92 $\times$ 190. . | 129,944 | 80

2e SÉRIE.

Les assurés de la 2e série ne sont restés que 4 ans.

1re *Classe.* — La Société doit aux assurés de cette classe, ayant atteint 25 ans, la valeur actuelle de 10,000 f. | 3,498 | 40
L'assuré doit la prime, 175.30 $\times$ 18.42, soit. . . . | 3,229 | 03

Valeur actuelle des droits de chaque assuré. . . . | 269 | 37

Il reste 192 assurés : donc la Société doit 269.37 $\times$ 192. | 51,719 | 04

2e *Classe.* — La Société doit à chaque assuré la valeur actuelle d'une assurance de 12,500 fr., soit. . . | 4,373 | »
L'assuré doit sa prime, 219,125 $\times$ 18.42, soit . . . | 4,036 | 28

Valeur actuelle des droits de chaque assuré. . . . | 336 | 72

Il reste 195 assurés, donc la Société doit 336.72 $\times$ 195. | 65,660 | 40

3e *Classe.*— La Société doit à chaque assuré la valeur actuelle d'une assurance de 17,500 fr., soit. . . . . | 6,122 | 20
L'assuré doit sa prime, 306.775 $\times$ 18.42, soit. . . . | 5,650 | 78

Valeur actuelle des droits de chaque assuré. . . . | 471 | 42

Il reste 195 assurés : donc la Société doit 471.42 $\times$ 195. | 91,926 | 90

4e *Classe.* — La Société doit à chaque assuré la valeur actuelle d'une assurance de 20,000 fr., soit . . . | 6,996 | 80
L'assuré doit sa prime, 350.60 $\times$ 18.42, soit. . . . | 6.458 | 06

Valeur actuelle des droits de chaque assuré. . . . | 538 | 74

Il reste 192 assurés : donc la Société doit 538.74 $\times$ 192. | 103,438 | 18

3e SÉRIE.

	fr.	c.
Les assurés de la 3e série ne sont restés que 3 ans.		
1re Classe. — La Société doit à ses assurés âgés de 24 ans, sur une assurance de 10,000 fr.	3.447	70
L'assuré doit sa prime, 175.30 $\times$ 18.53, soit. . . .	3,248	31
Valeur actuelle des droits de chaque assuré. . . .	199	39
Il reste 194 assurés : donc la Société doit 199.39$\times$194.	38,681	66
2e Classe. — La Société doit à chaque assuré la valeur actuelle d'une assurance de 12,500 fr.	4,309	63
L'assuré doit sa prime, 219.125 $\times$ 18.53, soit . . .	4,069	39
Il revient à chaque assuré.	249	24
Il reste 197 assurés : donc la Société doit 249.24$\times$197.	49,100	28
3e Classe. — La Société doit à chaque assuré la valeur d'une assurance de 17,500 fr., soit.	6,033	48
L'assuré doit sa prime, 306.775 $\times$ 18.53, soit . . .	5,684	54
Valeur actuelle des droits de chaque assuré. . . .	348	94
Il reste 197 assurés : donc la Société doit 348.94$\times$197.	68,741	18
4e Classe. — La Société doit à chaque assuré la valeur d'une assurance de 20,000 fr., soit.	6,895	40
L'assuré doit sa prime, 350.60 $\times$ 18.53, soit. . . .	6,496	62
Valeur actuelle des droits de chaque assuré. . . .	398	78
Il reste 194 assurés : donc la Société doit 398.78$\times$194.	77.365	32

4e SÉRIE.

	fr.	c.
Les assurés de la 4e série sont restés 2 ans.		
1re Classe. — La Société doit à ses assurés âgés de 23 ans la valeur actuelle d'une assurance de 10,000 fr. .	3,598	20
L'assuré doit sa prime, 175.30$\times$18.637, soit. . . .	3,267	07
Valeur actuelle des droits de chaque assuré. . . .	131	13
Il reste 196 assurés : donc la Société doit 131.13$\times$196.	25,701	48
2e Classe. — La Société doit à chaque assuré la valeur actuelle d'une assurance de 12,500 fr., soit. . .	4,247	75
L'assuré doit sa prime, 219.125 $\times$ 18.637, soit. . .	4.093	83
Valeur actuelle des droits de chaque assuré. . . .	163	92
Il reste 199 assurés : donc la Société doit 163.92$\times$199.	32,620	08
3e Classe. — La Société doit à chaque assuré la valeur actuelle d'une assurance de 17,500 fr., soit. . .	5.946	85
L'assuré doit sa prime, 306.775 $\times$ 18.637, soit . . .	5,717	35
Valeur actuelle des droits de chaque assuré. . . .	229	50
Il reste 199 assurés : donc la Société doit 229 50$\times$199.	45,670	50

	fr.	c.

Suite de la 4e Série.

4e *Classe.* — La Société doit à chaque assuré la valeur actuelle d'une assurance de 20,000 fr., soit . . . — 6,796 40

L'assuré doit sa prime, 350.60×18.637, soit. . . . — 6,554 14

Valeur actuelle des droits de chaque assuré. . . . — 262 26

Il reste 196 assurés : donc la Société doit 350.60×196. — 51,402 90

5e SÉRIE.

Les assurés de la 5e série ne sont restés qu'un an.

1re *Classe.* — La Société doit à chaque assuré âgé de 22 ans la valeur actuelle d'une assurance de 10,000 fr. — 3,350 70

L'assuré doit sa prime, 175.30×18.74, soit. . . . — 3.285 12

Valeur actuelle des droits de chaque assuré . . . . — 65 58

Il reste 198 assurés : la Société doit donc 65.58×198. — 12,984 84

2e *Classe.* — La Société doit à chaque assuré la valeur actuelle d'une assurance de 12,500 fr., soit . . . — 4,188 58

L'assuré doit sa prime, 219.125×18.74, soit . . . — 4.106 40

Valeur actuelle des droits de chaque assuré. . . — 81 98

Il reste 201 assurés : donc la Société doit 81.98×201. — 16,478 »

3e *Classe.* — La Société doit à chaque assuré la valeur actuelle d'une assurance de 17,500 fr., soit. . . . . — 5,863 73

L'assuré doit sa prime, 306.775×18.74, soit. . . . — 5.748 96

Valeur actuelle des droits de chaque assuré. . . — 114 77

Il reste 201 assurés : donc la Société doit 114.77×201. — 23.068 77

4e *Classe.* — La Société doit à chaque assuré la valeur actuelle d'une assurance de 20,000 fr., soit . . . — 6.701 40

L'assuré doit sa prime, 350.60×18.74, soit . . . . — 6,570 24

Valeur actuelle des droits de chaque assuré . . . . — 131 16

Il reste 198 assurés : donc la Société doit 131.16×198. — 25,969 68

RÉSUMÉ.

Séries.	Classes.	Bénéfices.	Droits des assurés à déduire.	Actif.
1re série.	1re classe.	20.513 50	64.972 40	85.485 70
» »	2e »	26.046 45	82.497 85	108.544 30
». »	3e »	36.464 95	115.496 99	151.961 94
» »	4e »	41.026 44	129.944 80	170.971 24
2e série.	1re classe.	16.328 85	51.719 04	68.047 89
» »	2e »	20.730 25	65.660 40	86.390 65
» »	3e »	29.023 20	91.926 90	120.950 10
» »	4e »	32.657 70	103.438 08	136.095 78
3e série.	1re classe.	12.212 73	38.681 66	50.894 39
» »	2e »	15.502 18	49.100 28	64.602 46
» »	3e »	21.703 35	68.741 18	90.444 53
» »	4e »	24.425 46	77.363 32	101.788 78
4e série.	1re classe.	8.114 53	25.701 48	33.816 01
» »	2e »	10.299 »	32.620 08	42.919 08
» »	3e »	14.419 11	45.670 50	60.089 61
» »	4e »	16.229 06	51.402 96	67.632 02
5e série.	1re classe.	4.099 60	12.984 84	17.084 44
» »	2e »	5.202 48	16.478 »	21.680 48
» »	3e »	7.283 35	23.068 77	30.352 12
» »	4e »	8.199 20	25.969 68	34.168 88
		370.481 19	1.173.459 21	1.543.920 40

Répartition des bénéfices entre les sociétaires.

Il s'agit maintenant de déterminer le principe de restitution de l'excédant. Chaque sociétaire doit en toute justice participer à cet excédant, dans la proportion suivant laquelle il a contribué lui-même à la former. En d'autres termes, nous avons à trouver la formule qui permette de donner à chacun ce qui lui est dû, d'après le rôle qu'il joue dans l'association, c'est-à-dire d'après la somme par lui versée sur l'assurance qu'il a souscrite.

Nous avons dit qu'un assuré de 20 ans paie vingt pour cent de plus qu'il ne devrait payer en terme moyen. La prime à cette époque devient, d'après notre tarif, de 1 720 fr. pour 100 000 fr. Il suit de là qu'un assuré de cet âge apporte à l'établissement une plus-value annuelle de 344 fr. On se souviendra que la plus-value, pour un sociétaire de 50 ans, s'élève à 852 fr.

Ce principe s'applique indistinctement à toute espèce de contrats. Ainsi, par exemple, un rentier viager qui, d'après la table de mortalité moyenne, aurait droit à une annuité de 100 fr., ne recevrait que 80 fr. Par conséquent le bénéfice présumé qu'il apporterait à la Société serait égal au cinquième de sa rente.

Ces bases étant données, il devient facile de déterminer l'exacte proportion dans laquelle chaque assuré doit participer aux bénéfices.

Ainsi, dans les cas que nous venons de poser, les parts du sociétaire de vingt ans, de celui de cinquante ans et du rentier viager, quelle que soit d'ailleurs la somme à distribuer, doivent être dans le rapport respectif des nombres 344, 852 et 20.

Supposons que la Société ne se compose que de ces trois personnes, et qu'il y ait 3 860 fr. à répartir entre elles. Le total des chiffres exprimant la proportion de leurs parts respectives est de 1215, et ce nombre, pris pour diviseur de 3 860 fr., donne pour chaque part 3 174.

Le quotient du premier sociétaire sera, pour 344 parts, de   1 091 f. 97 c.

Celui du second sera, pour 852 parts, de   2 704   54

Et celui du troisième, pour 20 parts, de   63   49

Totaux : 1 216 parts,   3 860   00

Si nous appliquons ce procédé au fonctionnement que nous avons pris pour base de notre inventaire, voici comment se répartira le bénéfice total, qui, d'après le tableau de la page 177, s'élève à 370 481 fr. 19 c. Chaque assuré pourra prétendre, savoir : Application du calcul.

S'il appartient à la 1re série, 1re classe, à   107 965 fr.
S'il appartient à la 2e série, 1re classe, à   85 941
S'il appartient à la 3e série, 1re classe, à   64 277
S'il appartient à la 4e série, 1re classe, à   42 708
S'il appartient à la 5e série, 1re classe, à   21 576

Et ainsi de suite pour les autres classes des diverses séries.

 Evidemment, l'application de ce système rétablit l'équilibre et ramène la prime payée à ce qu'elle eût été dans le principe, si l'on avait pu par avance l'établir sur la mortalité réelle des membres mêmes de la Société.

Mode de distribution des bénéfices entre les assurés.

 Le principe en vertu duquel on peut déterminer les bénéfices étant admis, il reste à résoudre une question de la plus haute gravité, celle de savoir sous quelle forme et à quelles époques il convient d'en faire le partage.

 Cette répartition peut s'opérer de trois manières :

1° En distribuant en espèces entre les membres de la Société, et proportionnellement à l'intérêt de chacun d'eux, le montant des bénéfices ;

2° En accordant aux assurés une réduction proportionnelle sur le montant des primes à payer par eux ;

3° En augmentant proportionnellement, pour chacun des sociétaires appelés à participer aux bénéfices, le chiffre de l'assurance, c'est-à-dire la somme que la Société devra payer à ses héritiers ou ayant-droit lors de son décès.

 Mais, pour qu'un sociétaire puisse participer aux bénéfices, il faut qu'il soit assuré pour la vie entière et que la date de son engagement soit antérieure de cinq ans au moins à celle de l'inventaire.

La société *L'Equitable* de Londres avait primitivement admis tous ses membres au partage des bénéfices, quelles que fussent la durée et la date de leur contrat ; mais elle a dû renoncer à ce système, dont l'expérience avait fait reconnaître les inconvénients. Elle a compris que, pour qu'un sociétaire eût droit au partage, il fallait au moins qu'il eût contribué d'une manière effective à la formation des bénéfices, tant en participant aux chances de la Société qu'en lui payant la prime pendant un temps donné.

Nous adopterons cette règle dans une double pensée : d'augmenter les gages de sécurité que la Société pourra donner au public ; ensuite, et sans exclure aucunement les assurances temporaires, qui sont aussi d'une incontestable utilité, d'encourager cependant de préférence les assurances faites pour la vie entière, comme étant les plus dignes d'encouragement, parce qu'elles ont spécialement pour objet d'accomplir les devoirs les plus sacrés de la famille.

Si nous rejetons le système d'une répartition immédiate en argent, c'est que nous avons pensé qu'il aurait pour effet, en diminuant le capital de la Société, de diminuer aussi le crédit qu'il importe de lui conserver. *Inconvénient des deux premiers modes de distribution des bénéfices.*

Enfin, si nous n'avons adopté non plus la réduction proportionnelle des primes restant à payer après l'inventaire, c'est que ce procédé tendrait à diminuer les recettes et par conséquent les ressources de l'établissement ; c'est que, les primes formant l'élément essentiel des bénéfices, ce mode de répartition serait nuisible au développement des bénéfices futurs. *Adoption du troisième mode.*

Nous déciderons donc en faveur du dernier mode dont L'*Équitable* de Londres s'est si bien trouvée, de celui qui consiste à faire une addition au chiffre de l'assurance, c'est-à-dire à la somme payable au décès du sociétaire.

L'opinion de M. Morgan justifie pleinement notre choix.

« Souvent, disait ce célèbre mathématicien dans son
» rapport à l'assemblée générale du 3 décembre 1795,
» souvent, dans des occasions précédentes, j'ai exprimé
» le désir que les primes annuelles ne fussent jamais ré-
» duites au dessous de leur taux actuel, car cette ré-
» duction priverait la Société d'une de ses principales
» sources de richesse et de l'élément qui, après son ca-
» pital, contribue le plus efficacement à sa sécurité.
» Mais, quoique l'augmentation des créances n'offre pas
» les mêmes inconvénients que la réduction des primes,
» il faut toutefois remarquer que chaque augmentation
» de ce genre, en ce qui touche les assurances existant
» aujourd'hui dans la Société, a pour effet de diminuer
» sa réserve dans une proportion beaucoup plus forte
» que ne le ferait la simple réduction des primes annuel-
» les sur ces assurances; il faut remarquer d'ailleurs
» qu'il est beaucoup plus avantageux pour les per-
» sonnes qui ont fait partie de la Société pendant
» quelques années de voir augmenter leurs créances
» que de voir réduire leurs primes dans la même pro-
» portion. Supposons, par exemple, qu'un individu ac-
» tuellement âgé de 60 ans eût, il y a 20 années (par
» conséquent à 40 ans), assuré sa vie pour la somme de

» 100 liv. sterl. et moyennant une prime annuelle de
» 3 liv. 8 s.; si la Société réduisait aujourd'hui cette
» prime à 1 liv. 14 s., la valeur de l'intérêt qu'il au-
» rait dans son assurance, par suite de cette ré-
» duction, serait de 52 liv. Mais si, au lieu de réduire
» la prime à moitié, on doublait la créance, la valeur de
» son intérêt serait de 100 liv., en sorte qu'il gagnerait
» deux fois plus dans le dernier cas que dans le pre-
» mier.

» Supposons encore qu'une personne assurée il y a
» 20 ans, à l'âge de 30 ans, pour la somme de 100 liv.
» et moyennant une prime annuelle de 2 liv. 13 sous
» 6 c., soit arrivée aujourd'hui à l'âge de 50 ans, la va-
» leur actuelle de tous les paiements que cette personne
» doit faire à la Société dans l'avenir s'élève à 33 liv.
» 5 sous. Si la créance a reçu, tous les 5 ans, une aug-
» mentation de 1 liv. pour cent, cette personne aura
» 51 liv. assurées en sus de la somme primitive de 100
» liv. La valeur actuelle de 51 liv., payables à sa mort,
» est de 31 liv.; or, d'après ce qui vient d'être dit,
» cette dernière somme est, à très peu de chose près,
» égale à la valeur de tous les paiements annuels à ve-
» nir : l'assuré se trouvera donc à peu près dans la mê-
» me situation que si la Société l'exemptait du paiement
» de toute nouvelle prime pour la somme de 100 liv.
» qui lui avait été primitivement garantie. »

» Si cette personne avait eu 40 ans le jour où elle fit
» son assurance, sa prime annuelle eût été de 3 liv. 8 s.,
» et la valeur actuelle de tous ses paiements futurs

» (puisqu'elle aurait atteint aujourd'hui l'âge de 60
» ans) serait montée à 33 liv. 5 sous, tandis que la
» valeur actuelle de l'addition de 51 liv. faite à sa
» créance est de 35 liv. L'assuré se trouve donc placé
» dans une situation plus favorable que s'il avait été to-
» talement exempté du paiement de toute prime nou-
» velle, c'est-à-dire que la somme qu'il reçoit en aug-
» mentation de sa créance est plus qu'équivalente à la
» valeur actuelle de tous ses paiements futurs; elle
» dépasse même cette valeur de 1 liv. 15 sous.

» Par conséquent, si toutes les assurances avaient
» été faites il y a 20 ans environ sur des têtes dont l'à-
» ge moyen était alors entre 30 et 40, et si tous les
» ans il avait été fait aux créances une addition de 1
» p. 100 seulement, la Société se trouverait aujourd'hui
» dans la même situation que si elle avait résolu
» d'exempter, à partir de ce moment, tous ses mem-
» bres de toutes les primes qu'ils pourraient avoir à
» payer pendant le reste de leurs jours; d'où il suit, pre-
» mièrement, que tous ceux des membres de la Socéité
» *L'Équitable* dont les créances ont été augmentées de
» 50 liv. pour 100, ou, en d'autres termes, qui ont été
» assurés pendant 13 ans, profitent plus par cette aug-
» mentation qu'ils n'auraient pu le faire par aucune
» réduction de primes; et, secondement, que ceux dont
» les créances ont été doublées, c'est-à-dire tous ceux
» assurés avant 1771, sont aussi favorisés que si la Société
» s'était engagée, non seulement à payer après leur décès la
» somme qu'ils avaient originairement assurée, et cela,

» sans exiger aucune nouvelle prime, mais encore à
» leur verser annuellement, pendant leur vie, cette
» même prime qu'elle avait jusque là reçue d'eux.

» Dans certains cas, les créances ont été augmentées
» de plus de 140 pour 100, ce qui rend encore plus
» considérable l'avantage que les Sociétaires retirent
» du système adopté par la Société, ces augmentations
» ne sont pas seulement plus avantageuses. En un mot,
» qu'aucune réduction de prime n'aurait pu l'être, mais
» leur valeur actuelle dépasse de beaucoup l'ensemble
» des sommes qu'un membre, quel qu'il soit, peut avoir
payées de trop, sous formes de primes annuelles. »

Telles sont, sur ce point délicat, les lumineuses explications de M. Morgan, auxquelles il serait inutile de
rien ajouter, d'autant plus que nous avons déjà discuté
la même question dans le 4ᵉ chapitre de la 1ʳᵉ partie de
cet ouvrage.

§ 3.

RÉSILIATIONS ET DÉCHÉANCES.

Résiliations.

Souvent des circonstances nouvelles survenues pendant la durée des contrats, qui peut être fort longue, détermineront des assurés à proposer à la Société la résiliation de leurs engagements ou la cession de leurs droits moyennant une juste indemnité. Il importe donc d'établir les règles qui devront présider à ces sortes de transactions.

Des résiliations. Chaque fois qu'un pareil cas se présentera, la Société fixera l'indemnité, dans la proportion des avantages auxquels le Sociétaire qui se retire entend renoncer. Elle emploiera, pour ce faire, un procédé analogue à celui par lequel nous avons fixé les droits respectifs des différents Sociétaires de l'établissement.

Exemple. Une personne âgée de 35 ans, par exemple, après s'être fait assurer, à l'âge de 20 ans, pour une somme de 1 000 fr., et avoir payé pendant l'intervalle la prime annuelle de 17 fr. 20 c., désire renoncer à son assurance :

Quelle est la somme qu'il faudra lui restituer ?

La Société doit à cet assuré la valeur actuelle d'une assurance de 1 000 fr. placée sur une tête de 35 ans.

Cette valeur actuelle se monte à . . 411 fr. 50 c.

D'un autre côté, l'assuré doit à la Société la suite des paiements annuels pendant toute la durée de son existence. La valeur de cette dette se détermine en multipliant la somme de 17 fr. 20 c., qui représente la prime, par le nombre d'années pendant lesquelles il aurait dû la payer suivant le calcul des probabilités ; en d'autres termes, par la valeur d'une annuité placée sur une tête de 35 ans, plus une unité jointe à ladite valeur, ainsi que nous l'avons expliqué plus haut, par la raison que le paiement de de la prime a lieu au commencement de l'année.

La somme de 17 fr. 20 c. sera donc multipliée par 17 fr. 08 c., et de la valeur actuelle de l'assurance on soustraira le produit, soit . . . . . . 293 fr. 85 c.

Il restera donc à payer par la Société. 117 fr. 65 c.

Somme égale à celle dont l'intéressé se trouve crédité sur les livres de la Société.

Toutefois la Société ne restituera pas cette somme entière, mais elle lui fera subir une déduction de 10 pour 100, pour dédommager la Société de la privation des bénéfices que, d'après le calcul des probabilités, lui aurait apportés le sociétaire s'il eût continué son assurance.

On remarquera que l'assuré a payé quinze fois la prime de 17 fr. 20 c. Cette série de versements, avec les intérêts composés à 4 pour cent, forme la somme de 344 fr. 40 c.

Mais, dans cette évaluation, nous avons supposé que la Société reçoit les annuités à la fin de chaque année, tandis que, dans la transaction dont il s'agit, c'est au contraire au commencement de l'année sociale que les paiements ont lieu. Le total de 344 fr. 40 c. s'augmente par conséquent de l'intérêt d'un an, soit 13 fr. 78 c., et la somme des versements de l'assuré, accrue de ses intérêts réels, se monte à **358 fr. 18 c**

Or, nous avons dit que la Société lui tiendra compte de **117 65**

Il y aura donc une différence de **240 53** qui sera l'indemnité du risque couru par la Société pendant quinze ans de payer une assurance de 1 000 fr. en retour d'une prime annuelle de 17 fr. 20 c.

Ces principes sont extrêmement simples. Ils feront comprendre que dans notre projet les droits des assurés, aussi bien que ceux de la Société, sont respectés dans le cas de résiliation. Chaque souscripteur, en se les appliquant, pourra lui-même mesurer l'étendue du sacrifice, avant de se décider à l'accomplir.

Du reste, cette faculté du retrait présente aux souscripteurs des avantages beaucoup plus considérables qu'on ne pourrait le croire au premier abord.

En donnant aux contrats d'assurance un caractère de disponibilité, elle fait disparaître en grande partie cette inquiétude vague qui s'attache naturellement à tout objet placé dans un avenir très éloigné. Elle augmentera donc la sécurité de ces sortes d'opérations, et par cela même le nombre des personnes qui sont disposées à y prendre part.

Déchéances.

Dans les premières années de l'existence de *L'Equitable* anglaise, le nombre des polices tombées en déchéance était considérable.

Aujourd'hui que l'utilité de l'assurance mutuelle est généralement appréciée, et que chacun comprend la portée de cet acte de prévoyance, les cas de déchéance sont beaucoup moins nombreux. Mais en France, où l'association en matière d'assurances en cas de mort sera chose toute nouvelle, nous devons nous attendre à voir la déchéance se présenter fréquemment au début de l'institution. Toutefois, le caractère philanthropique de l'épargne collective ne nous permettrait pas de poser à cet égard des lois aussi rigoureuses que celles des compagnies propriétaires.

En thèse générale, il faut accorder aux assurés toutes les facilités et toute l'indulgence compatibles avec la sécurité de l'établissement.

Omnipotence
du conseil dans
les déchéances. Néanmoins, dans l'impossibilité où l'on est de prévoir tous les cas où la déchéance doit être prononcée, il est nécessaire d'investir le conseil de la Société d'un pouvoir discrétionnaire, aussi bien pour prononcer les déchéances que pour accepter ou refuser la résiliation d'un contrat.

Un exemple fera comprendre cette nécessité.

Supposons que A se soit fait assurer une somme payable à son décès entre les mains de B, sous la condition que B sera survivant à la mort de A. Si A laisse passer l'échéance d'une prime sans la payer, on ne peut alléguer que A ait fait défaut par ignorance ou par empêchement : car il peut arriver que B tombe dangereusement malade, et que A, pensant que son assurance va devenir inutile, s'abstienne, par calcul d'économie, de payer sa prime; dans ce cas et dans certains autres, il conviendra d'agir plus rigoureusement envers le défaillant. Voilà pourquoi, en thèse générale, la moralité des diverses déchéances qui pourront survenir doit être laissée à l'appréciation du conseil.

§ 4.

DES AVANCES A FAIRE PAR LA DIRECTION, ET DU FONDS DE ROULEMENT A CONSTITUER POUR GARANTIR LES DÉBUTS DE L'ÉTARLISSEMENT CONTRE LES ÉCARTS DE LA MORTALITÉ.

De tout ce que nous avons dit il résulte évidemment que l'établissement que nous fondons est organisé de telle sorte que les probabilités de son succès surpassent celles des institutions réputées les plus solides.

Comme le résultat n'est établi que dans l'hypothèse que le service des engagements s'exécutera au moyen des seuls fonds versés par chaque contractant, nous sommes en droit d'affirmer qu'un capital préalable est entièrement inutile ; cependant ces sortes d'opérations sont encore si peu familières dans notre pays, qu'il faut répondre par un fait matériel à la défiance et aux pré-ventions qui s'attachent encore aux opérations finan-cières qui reposent sur la vie humaine. *Nécessité de répondre aux objections par la constitution d'un fonds d'avances.*

C'est dans ce but que nous conseillons la création d'un fonds d'avances destiné à pourvoir aux paiements extra-ordinaires que les écarts de la mortalité pourraient ren-dre exigibles.

Peut-être d'ailleurs est-il utile de prévoir les événe-ments défavorables qui pourraient survenir par la faute ou les erreurs d'une administration imprudente ; sous ce rapport, il ne sera pas sans importance que les direc-teurs de l'établissement aient un intérêt particulier et *Utilité limitée du fonds d'avances.*

direct dans la bonne conduite des affaires ; et le moyen le plus simple, c'est assurément de les obliger à faire toutes les avances nécessaires dans le cas où les primes seraient insuffisantes pour servir les charges et pour payer les sinistres, ou, pour mieux dire, dans le cas où l'actif de la Société serait au dessous de son passif.

Précautions qui donnent un sens au fonds d'avances. Toutefois, cette précaution serait incomplète si elle ne se trouvait pas réunie à celle qui consiste à limiter les risques que l'on veut affronter.

Dans les débuts, quel que soit le fonds d'avances que l'on constitue, la prudence exige que les engagements soient en rapport avec les ressources de l'institution, et que l'on n'augmente le chiffre de chaque assurance que d'après le nombre des assurés et la prospérité de la Société. Cette précaution est de toute nécessité dans le mode mutuel ; sans elle il serait impossible de se rendre maître des événements et de calculer l'influence qu'ils peuvent exercer un jour sur les finances de l'établissement.

Fixation du chiffre des assurances en raison des nombres. Nous poserons dès lors en principe que, jusqu'à ce que les assurés soient au nombre de 800, les opérations ne porteront que sur des sommes de 10 à 20 000 fr. et sur des rentes au même capital à des âges déterminés.

Lorsque la masse des sociétaires dépassera 800, le chiffre d'une assurance pourra être de 5 à 30 000 fr. La progression croissante et décroissante se continuera ainsi au fur et à mesure de l'élévation du nombre des assurés, mais sans cependant dépasser jamais le maximum de 100 à 200 000 fr.

De l'exemple que nous avons donné au § 2, il résulte que, si 806 membres de 21 ans étaient assurés chacun pour 10 000 fr., et que les décès n'arrivassent que progressivement, suivant les lois de la mortalité commune, les bénéfices produits par les contrats, déduction faite des assurances éteintes et payées, s'élèveraient à 370 481 fr. 19 c.

Ce fonctionnement périodique est peut-être appliqué sur une trop petite échelle pour que l'on se fasse une idée exacte des fonds d'avances que l'on doit réunir.

Nous allons donc opérer sur un chiffre d'assurés plus considérable, sur des sommes plus fortes et sur des âges inégaux.

Epoques.	Nombre d'assurés.	Ages.	Montant de chaque assurance.	Prime par assuré	Total.	Intérêts à 4p.100 produits par les primes payées.	Total général.
1re année	872	11	10,000	140 »	122,080 »		
	187	28	10,000	202 60	37,886 20		
	188	28	12,000	253 25	47,611 »		
	188	23	17,500	354 55	66,655 40		
	187	28	20,000	405 20	75,772 40		
	657	40	20,000	564 40	370,810 80		
	2279				720,815 80	28,832 63	749,648 43
	Capital à payer par suite de décès dans le cours de la 1re année (1).						
	6	11	10,000		60,000 »		
	2	28	10,000		20,000 »		
	2	28	12,500		25,000 »		320,000 »
	2	28	17,500		35,000 »		
	2	20	20,000		40,000 »		
	7	40	20.000		140,000 »		
	21	Reste à l'expiration de la 1re année....					429,648 43
		Primes à toucher pour (1) (2)					
2e année.	2258	Associés survivants.	713,593 80			45,729 69	759,323 49
							1,188,971 92

Observations :

	Age.	Primes.	
6 décès.	11	140 »	840 »
2 —	28	202 60	405 20
2 —	28	253 25	506 50
2 —	28	354 55	709 10
2 —	28	405 20	810 40
7 —	40	564 40	3,950 80
			7,2.2 »

(1-2) Les intérêts se rapportent à la fois au reliquat en caisse à la fin d'une année et aux primes perçues pendant l'année suivante.

Epoques.	Nombre d'assurés.			Total général.
	21	Capital à payer par suite des décès dans le cours de la 2e année.		320,000 »
	2237	Reste à l'expiration de la 2e année		868,971 92
3e année.	2237	Primes à toucher pour assurés survivants.	706,371 80	63,013 75	769,385 55
				1,638,357 47
	21	Capital à payer par suite des décès dans le courant de la 3e année		320,000 »
	2216	Reste à l'expiration de la 3e année		1,318,357 47
4e année.	2 / 2216	Primes à payer pour assurés survivants.	699,149 80	80,700 29	779,850 09
				2,098,207 56
	21	Capital à payer par suite de décès dans le courant de la 4e année.		320,000 »
	2195	Reste, à l'expiration de la 4e année		1,778,207 56
5e année.	2174	Assurés survivants.	691,927 80	98,805 41	790,733 21
				2,568,940 77
	21	Capital à payer par suite de décès dans le courant de la 5e année.		320,000 »
	2174	Reste, à l'expiration de la 5e année . . . :		2,248,740 77

Nota. — Les décès ont été répartis à raison de deux sur la 2e, 3e, 4e et 5e classe, malgré la légère inégalité du nombre des personnes ; le rapport exact du décès est :

Pour la 2e classe. 1.9947		Pour la 4e classe. 2.0053
— 3e classe. 2.0053		— 5e classe. 1.9947

Cette faible irrégularité est couverte par la différence des valeurs des assurances attribuées à ces classes.

Improbabilité d'un déficit.

Après un fonctionnement de cinq années, pendant lequel l'établissement a eu 105 sinistres, il reste en caisse 2,248,940 fr.

Pour qu'il y eût déficit, il faudrait qu'il mourût 253 assurés, c'est-à-dire qu'après le 252e décès l'établissement n'aurait aucuns fonds pour payer l'assurance du dernier sociétaire. Un tel écart n'est évidemment pas supposable.

Cependant il est nécessaire de le prévoir, et si l'établissement ne pouvait, à un moment donné, suffire, au moyen de primes reçues, au paiement des assurances échues, il faut qu'il soit en mesure de faire honneur à ses engagements au moyen d'un secours temporaire que nous mettrons à la charge de la direction, en lui imposant l'obligation d'affecter à cet objet un capital de prévision suffisant.

Capital de prévision destinée aux avances.

En constituant au début de l'institution un fonds d'avances d'une certaine importance, nous croyons répondre aux craintes les plus exagérées, et donner ainsi à chaque assuré la certitude que les engagements contractés à son égard seront religieusement accomplis.

Résumé ensemble des garanties.

En résumé, les primes d'assurances ont été calculées de manière à couvrir les écarts de la mortalité dans la proportion de 20 p. 100. — Des limites ont été posées au montant des assurances jusqu'à ce que l'association ait atteint un nombre de membres donné. — Des précautions ont été prises (art. 37 des Statuts) contre les dangers résultant d'une maladie contagieuse, et un fonds d'avances est créé pour faire face aux paiements extraordinaires que ne pourraient couvrir les primes reçues. De cet ensemble de garanties il résulte évidemment que le crédit de l'établissement ne peut recevoir aucune atteinte des événements probables, et que l'institution que nous fondons égale en sécurité les compagnies à forfait, sans offrir aucun des inconvénients que l'on rencontre dans ces dernières.

§ 5.

DE L'ADMINISTRATION DE L'ÉTABLISSEMENT.

Dans les précédents paragraphes nous avons traité toutes les questions qui se rattachent aux combinaisons de la Société projetée. Nous avons exposé la théorie des assurances payables au décès, de manière à la mettre à la portée de tout le monde, et de faciliter ainsi l'examen des Statuts qui sont l'application de cette théorie.

Il ne nous reste plus maintenant qu'à décrire les rouages administratifs au moyen desquels on pourra faire agir l'institution, et à chercher dans l'ordre des faits acquis la confirmation des doctrines que nous venons d'expliquer.

Mode d'administration. Le mode d'administration que nous croyons devoir adopter dans les Statuts de l'institution que nous voulons fonder se rapproche à beaucoup d'égards de celui de *L'Équitable* de Londres. Seulement nous avons cru devoir en mettre la forme en harmonie avec les habitudes de notre pays et avec les règles adoptées déjà par le conseil d'État pour la gestion d'établissements analogues.

Système de *l'Équitable Society* modifié. Les modifications que nous avons apportées au système le plus généralement admis en Angleterre n'ont d'autre but que d'ajouter aux garanties offertes au pu blic, en augmentant les moyens de contrôle.

On jugera par l'analyse suivante de cette partie des dispositions statutaires.

Le directeur, chargé de l'organisation de l'établisse-ment et de la préparation des affaires, n'agit que sous la *surveillance constante d'un commissaire délégué par le conseil*, et en vertu des délibérations soit d'un conseil hebdomadaire, soit du conseil d'administration.

Sa gestion est garantie par un cautionnement.

Son intérêt est lié au succès de l'entreprise.

C'est à un *Conseil général*, nommé par l'assemblée générale des Sociétaires, qu'appartient la haute direction de l'établissement.

C'est un *Conseil hebdomadaire*, élu par ce Conseil général et choisi dans son sein, qui dirige les affaires courantes. Aucune police ne peut être définitivement acceptée sans qu'il y ait donné sa sanction.

Enfin ce sont des *censeurs*, nommés spécialement par l'assemblée générale, qui vérifient les comptes de chaque année.

L'assemblée générale est le pouvoir souverain duquel relèvent les autres.

Ainsi les actes du directeur sont contrôlés par le Commissaire délégué, le Conseil hebdomadaire et le Conseil général d'administration ;

Ceux du Conseil hebdomadaire par le Conseil général ;

Ceux du Conseil général par les censeurs et l'assemblée générale ;

Ceux des censeurs par l'assemblée ;

Et ceux de l'assemblée générale, dans certains cas,
par l'assemblée elle-même.

Il eût été difficile de réunir, dans une constitution administrative, plus de gages de sécurité pour la Société
comme pour tous ses membres. La constitution que nous
donnons en entier dans le paragraphe suivant montrera
combien sont grandes les garanties de l'institution que
nous fondons et qui est appelée aux plus hautes destinées.

STATUTS DE L'INSTITUTION.

———

BUT DE L'INSTITUTION. — NATURE DES OPÉRATIONS. — SIÉGE DE L'ÉTABLISSEMENT ET DOMICILE DE SES MEMBRES.

ARTICLE PREMIER.

Il est créé, sous la dénomination de *L'Equitable*, un établissement ayant pour objet la formation d'une association générale d'assurances mutuelles *en cas de mort*, et qui sera régi par les présents Statuts.

ART. 2.

Cette association comprendra tous ceux qui placeront en commun les mises nécessaires pour assurer, après leur décès ou après le décès d'un tiers, à quelque époque qu'il arrive, à leurs ayant-droit, une somme déterminée. Chacun profitera, dans la proportion de son intérêt, des avantages inhérents à l'association.

ART. 3.

L'assurance peut reposer sur la tête du souscripteur ou sur celle d'un tiers, à la charge par celui dont la souscription repose sur la tête d'un tiers, indépendamment de ce qui est prescrit à l'art. 18 ci-après, de justifier du consentement de ce dernier, ou de celui des ascendants, maris ou tuteurs, pour les personnes inhabiles à contracter.

Le consentement du mari pour une souscription sur la tête de sa femme ne dispense pas du consentement de cette dernière.

L'individu sur la tête duquel l'assurance repose est *l'assuré*.
Le contractant est seul *sociétaire*.

Art. 4.

L'assurance peut être faite sur la tête de personnes âgées de huit à soixante-dix ans, pour la vie entière, ou pour un nombre d'années déterminé.

Dans le dernier cas, si l'assuré meurt avant le terme auquel le contrat limite l'assurance, ses héritiers ou ayant-droit reçoivent le capital assuré ; mais si sa vie dépasse le terme fixé par le contrat, l'assurance devient, à dater de ce terme, nulle de plein droit.

Art. 5.

L'assurance peut reposer sur plusieurs vies réunies, soit pour une année, soit pour plusieurs, soit pour toute la durée de leur existence.

Elle peut également avoir lieu en cas de survie d'une ou de plusieurs personnes relativement à une ou à plusieurs autres, pour une annee seulement, ou pour plusieurs années, ou pour toute la vie des personnes sur la tête desquelles repose l'assurance.

Art. 6.

Le nombre des membres de l'association est illimité.

Jusqu'à ce qu'il ait atteint le chiffre de huit cents, les assurances sur une ou plusieurs têtes ne pourront être souscrites pour une somme moindre de dix mille francs ni excéder vingt mille francs.

Lorsque le nombre des assurés dépassera huit cents, et jusqu'à ce qu'il ait atteint douze cents, les assurances seront limitées de cinq à trente mille francs.

Elles pourront être portées à quarante mille francs sans aucune limite de minimum, lorsque le nombre des assurés s'élèvera au de là de douze cents.

Aucune assurance ne pourra être faite au dessus de la somme de quarante mille francs tant que le nombre des souscripteurs ou assurés n'aura pas atteint seize cents.

La somme à laquelle les assurances pourront être portées lorsque ce nombre aura été atteint sera déterminée par le conseil général des sociétaires, sans que jamais elle puisse excéder cent vingt-cinq mille francs.

Art. 7.

L'établissement pourra également constituer, moyennant le versement comptant d'un capital déterminé, des rentes viagères immédiates ou différées sur une vie ou sur deux vies, avec condition de réversibilité de tout ou partie de ces rentes sur la tête du survivant.

Pour les rentes différées, le paiement, au lieu d'être fait au comptant, pourra être effectué au moyen de versements annuels et viagers.

Art. 8.

Tant que le nombre des rentiers viagers ne s'élèvera pas à deux cents, le capital affecté à la constitution d'une annuité sur une ou sur deux têtes ne pourra excéder vingt mille francs, ni être placé sur des têtes au dessus de soixante-quinze ans ; au delà de ce nombre il pourra être porté à trente mille francs, sans que cette somme puisse être dépassée tant que les rentiers ne s'élèveront pas à trois cents.

Lorsque ce nombre sera atteint, le maximum de la somme à recevoir par l'établissement pour la constitution d'une annuité sera déterminé par le Conseil général d'administration.

Art. 9.

Le siége de l'établissement est fixé à Paris.

Art. 10.

Chaque souscripteur est tenu d'élire, soit à Paris, soit dans les villes où des agences seront établies, pourvu que ces villes soient des chefs-lieux de département ou d'arrondissement, un domicile pour tous les actes relatifs à l'exécution du contrat. Le domicile élu au moment de la souscription est obligatoire pour le souscripteur, le bénéficiaire ou leurs ayant-cause, tant qu'ils n'en ont pas fait connaître un autre au Directeur de l'établissement à Paris.

Les ayant-cause d'un sociétaire doivent s'entendre pour n'élire qu'un seul domicile.

Les mêmes dispositions sont applicables aux souscripteurs des contrats de rentes viagères.

Art. 11.

Le Directeur de l'établissement ne pourra être assigné dans la personne de ses agents ou mandataires dans les départements. Aucune action relative à l'exécution des contrats ou à l'administration de l'association ne sera intentée contre le Directeur par un bénéficiaire ou un souscripteur de police d'assurance ou de contrat de rente viagère qu'au siége de l'établissement à Paris.

FORMATION DE L'ASSOCIATION. — CONDITIONS DES ASSURANCES.

Art. 12.

Les assurances ont lieu sur la tête de tout individu en bonne santé, depuis l'âge de huit ans jusqu'à celui de soixante-dix ans.

Elles sont contractées pour une ou plusieurs années ou pour toute la vie, moyennant une prime une fois payée ou moyennant une prime annuelle viagère.

Ces primes sont réglées pour chaque somme de cent francs par les tarifs annexés aux présents statuts.

Ces tarifs sont dressés en calculant le taux de l'intérêt à quatre pour cent.

Dans le cas où les circonstances exigeraient la modification des calculs par la réduction ou l'augmentation du taux de l'intérêt, les tarifs des primes pourront être changés en conséquence ; mais ce changement n'aura lieu qu'en vertu d'une délibération de l'assemblée générale des sociétaires.

Art. 13.

Tout sociétaire, après avoir contracté une assurance pour toute la durée de sa vie ou de la vie d'une autre personne, moyennant le paiement d'une prime annuelle, peut remplacer cette prime annuelle par une prime unique, ou par une prime équivalente payable pendant un nombre limité d'années.

Art. 14.

Pour couvrir le risque extraordinaire que court la vie des militaires en temps de guerre, les assurances contractées par eux sont grevées d'une augmentation qui est déterminée par le Conseil d'administration.

Une augmentation de tant pour cent fixée par le Conseil a également lieu pour les assurances des personnes voyageant au delà des limites de l'Europe.

La prime additionnelle n'est due qu'à dater de l'époque à laquelle l'assuré est exposé à l'un des deux risques extraordinaires mentionnés ci-dessus. Elle est payable en vertu d'un avenant joint à la police principale.

Elle cesse de droit dans le premier cas, aussitôt après la guerre terminée ; dans le second, après que l'assuré a justifié de son retour en Europe.

Si l'assuré, exposé à l'un des risques prévus par le présent artí-
cle, vient à mourir avant d'avoir payé la prime supplémentaire
dont il est tenu, sa police est nulle et de nul effet, et les primes
payées antérieurement sont acquises à la Société, sauf le cas prévu
à l'art. 28, qui, toutefois, n'est applicable qu'aux contrats d'assurances pour lesquels il existerait un avenant sur lequel un premier paiement aurait été fait.

Art. 15.

Le suicide, et l'exécution par suite de condamnation à mort,
emportent le droit de nullité de la police, et dans ce cas les primes payées ne sont pas moins acquises à la Société.

Si cependant les primes ont été payées sur la police de l'assuré
pendant cinq années consécutives, et qu'aucune ne soit en retard
au moment de sa mort, la Société paie dans l'un et l'autre cas à ses
ayant-cause une somme égale à la valeur de la police, calculée à
la date de la veille de sa mort.

Art. 16.

Toute personne qui souscrit une assurance, soit sur sa tête, soit
sur la tête d'un tiers, devient par ce seul fait membre de l'association, et est en conséquence tenue de se conformer aux présents
Statuts, aux décisions du Conseil d'administration et aux délibérations des assemblées générales.

Art. 17.

Chaque proposition d'assurance est accompagnée :
1° De l'acte de naissance ;
2° D'une déclaration indiquant l'âge, l'état de santé, la profession, les occupations, les habitudes de l'assuré, et toutes les circonstances relatives à sa position physique et morale ;
3° D'un certificat de santé délivré par le médecin habituel de
l'assuré.

Cette déclaration est la base du contrat avec la Société ; et, si elle
contient des indications inexactes ou fausses, la fausseté de ces
indications, à quelque époque qu'elle soit découverte, suffit pour
annuler de plein droit la police, et les primes payées demeurent
acquises à la Société.

Le Conseil d'administration de la Société peut exiger toutes
pièces et toutes justifications concernant l'état habituel de la santé
de l'individu sur la tête duquel l'assurance est proposée ; il peut
demander qu'il soit soumis à l'examen d'un médecin désigné par

le directeur de la Compagnie, et imposer, suivant les circonstances, le paiement d'une prime additionnelle.

Les frais entraînés par la production des pièces exigées et la visite du médecin sont à la charge du souscripteur.

Art. 18.

Lorsqu'une assurance est proposée sur la tête d'un tiers, le souscripteur pourra être tenu de déclarer qu'il a sur la vie de l'assuré un intérêt au moins égal à la somme assurée, et de donner, sur cet intérêt, toutes les justifications qui seraient exigées par le Conseil, sans préjudice de l'obligation prescrite, à l'art. 3, relativement au consentement à produire.

Art. 19.

Pour que le Directeur de l'établissement et les membres du Conseil soient à même de recueillir des informations précises sur les assurances proposées, il s'écoulera au moins dix jours entre la proposition d'une assurance et la signature de la police, toutes les fois qu'il s'agira d'une assurance dont la durée excédera douze mois.

Art. 20.

Aucune assurance dont la durée excède douze mois ne peut être contractée par le Directeur qu'avec l'approbation des membres du Conseil hebdomadaire, constitué conformément à l'art. 74 ci-après.

Art. 21.

Le Directeur et le Conseil hebdomadaire peuvent refuser une assurance sans être tenus de faire connaître les motifs de leur refus.

Art. 22.

Les polices d'assurances sont signées par le Directeur de l'établissement et par un commissaire délégué par le Conseil hebdomadaire.

Aucune ne peut être délivrée que contre le paiement de la première prime exigible.

Art. 23.

Les primes d'assurances uniques ou annuelles ne peuvent être valablement payées qu'à la caisse centrale de l'établissement, à Paris, ou dans les caisses des receveurs généraux ou particuliers des finances ; elles ne peuvent, dans aucun cas ; être touchées par les Directeurs, Inspecteurs ou Agents de l'établissement, dans les départements, sans une autorisation spéciale et formelle du Directeur. Elles peuvent être payées dans les départements en mandats sur Paris, pourvu que ces mandats soient délivrés ou endossés à l'ordre du Directeur. Le paiement peut encore avoir lieu en mandats du Directeur sur les souscripteurs, dans le cas où cela aura été prévu par les polices, mais à la charge par les souscripteurs de tenir compte des frais d'encaissement de ces mandats.

Art. 24.

Chaque police détermine l'époque à laquelle la prime doit être payée par le souscripteur. Cette époque est de rigueur, et le souscripteur ne peut jamais en prétendre cause d'ignorance, ni être fondé à soutenir que la prime est *querable*, excepté dans le cas où la police stipule que la prime est payabe en un mandat du Directeur sur l'assuré.

Art. 25.

Un mois avant l'échéance de chaque prime un avertissement est adressé par le Directeur de l'établissement aux souscripteurs, pour leur rappeler la date à laquelle le paiement de la prime est obligatoire. La lettre qui le contient est inscrite sur un registre spécial tenu à cet effet, et paraphé, chaque jour de départ, par le Directeur et par le commissaire délégué.

Cet avertissement n'est qu'officieux, et les souscripteurs sont inhabiles à se faire relever de la déchéance en prétendant qu'ils ne l'ont pas reçu.

Art. 26.

Toute police d'assurance est, de droit, frappée de déchéance par le seul fait du défaut de paiement de la prime due, dans les trente jours qui suivent son échéance.

La police est néanmoins remise en vigueur, si, dans les trois mois qui suivent l'échéance de la prime, elle est payée avec les intérêts à cinq pour cent, pourvu qu'à l'époque de ce paiement l'assuré soit en bonne santé.

Ce cas arrivant, le Directeur de l'établissement, autorisé par le Conseil hebdomadaire, peut exiger du souscripteur, et à ses frais, la justification de l'état de sa santé au moment du paiement.

Si la prime n'a pas été payée à l'expiration de trois mois après le terme fixé, la police d'assurance est nulle et de nulle valeur, sans que le souscripteur ou ses ayant-cause puissent réclamer la restitution des primes déjà payées, lesquelles sont acquises irrévocablement à la Société.

Art. 27.

Si la déchéance encourue en exécution du dernier paragraphe de l'article précédent est le résultat de circonstances graves, indépendantes de la volonté du souscripteur, le Conseil d'administration peut, d'accord avec le Directeur, faire revivre la police déchue moyennant le paiement des primes dues, avec les intérêts à cinq pour cent, et d'une indemnité dont l'importance est fixée par le Conseil, en prenant en considération les circonstances relatives au cas particulier dont il s'agit.

Cette faculté ne peut être exercée que pendant douze mois à dater du jour de la déchéance, et elle est laissée à la discrétion exclusive du Directeur et du Conseil d'administration.

Art. 28.

Si un assuré vient à mourir dans les trente jours qui suivent l'échéance de la prime due sur sa police, la police n'en est pas moins valable, et le montant de l'assurance exigible, mais sous la déduction de la prime et des intérêts dus.

Art. 29.

Le paiement des sommes assurées et des bénéfices acquis aux sociétaires, dont il sera parlé ci-après, a lieu dans les quatre mois du décès de l'assuré, sur la production des pièces ci-après, qui doivent être soumises au Conseil deux mois au moins avant le paiement :

1° Le contrat ;

2° La justification de la qualité et des droits des réclamants ;

2° L'acte de naissance, s'il n'a pas été fourni, et l'acte de décès de l'assuré ;

4° Le certificat du médecin qui a soigné l'assuré décédé.

Le paiement a lieu par le Directeur de l'établissement, en présence du commissaire délégué, après avoir été autorisé par le Conseil général d'administration de la Société.

RENTES VIAGÈRES. — RENTES IMMÉDIATES OU DIFFÉRÉES.

Art. 30.

Les rentes immédiates ou différées, constituées par l'établissement, moyennant le versement d'un capital déterminé, ou moyen-

nant des paiements annuels et viagers (dans le cas de rentes différées), sont fixées par les tarifs ci-annexés, dont l'intérêt est calculé au taux de 3 1{2 pour 10 0.

Art. 31.

La constitution de rentes viagères différées n'est pas sonmise aux
limites d'âge déterminées pour les rentes viagères immédiates.

Art. 32.

Aucune rente ne peut être constituée sur une tête autre que
celle du contractant, sans le consentement formel des individus
sur la tête desquels la rente est consentie; et, s'ils sont inhabiles
à contracter, sans le consentement des ascendants, maris ou tuteurs.

Art. 33.

Les contrats de rentes viagères peuvent être souscrits, au nom de
l'établissement, sans l'avis préalable du Conseil hebdomadaire, mais
sur la production des actes de naissance réguliers des individus sur
les têtes desquels reposent les rentes; ils seront signés par le Directeur et le commissaire délégué.

Pour les rentes différées, constituées au moyen de paiements
annuels, les art. 24, 25, 26 et 27 ci-dessus, réglent, par analogie,
les conditions et délais dans lesquels les paiements annuels doivent
avoir lieu, les cas où le bénéfice des contrats est suspendu, et ceux
où ils peuvent être relevés de la déchéance.

EFFETS DE L'ASSOCIATION. — GARANTIES. — RÉSILIATION ET
TRANSFERT DES POLICES.

Art. 34.

Tous ceux qui, ayant souscrit une police d'assurance, sont devenus
membres de l'association, sont à la fois assureurs et assurés.

Ils sont responsables des engagements de la Société envers les
assurés jusqu'à concurrence de leurs mises, sans pouvoir jamais
être soumis à aucun appel de fonds.

Art. 35.

L'excédant du produit des primes payées et des intérêts composés, sur le montant des sommes devenues exigibles par le décès des assurés et les frais d'administration dont il sera parlé ci-après, constitue le bénéfice des sociétaires; il est exclusivement réparti entre les sociétaires ayant contracté une ou plusieurs assurances pour une vie entière.

Cette répartition a lieu ainsi qu'il est expliqué au chapitre des inventaires.

Art. 36.

Dans le cas où, durant les premiers temps de la Société, les primes encaissées et les intérêts produits par les versements faits ne suffiraient pas au paiement des sommes assurées et devenues exigibles par suite de décès, les avances nécessaires pour effectuer ce paiement seront faites jusqu'à concurrence de quatre cent mille francs, soit par le Directeur fondateur de l'établissement, qui s'y oblige expressément, soit par toute société financière formée à cet effet.

Ces avances auront lieu en vertu d'une délibération du Conseil général d'administration; elles porteront intérêt à raison de 5 p. 100 l'an, et seront remboursées dès que les affaires de la Société le permettront.

Art. 37.

Si la peste ou toute autre maladie contagieuse venait à régner en France, l'assemblée générale des sociétaires, spécialement convoquée à cet effet, pourrait décider qu'en cas de décès de l'assuré par la maladie régnante, le paiement des sommes assurées et exigibles serait provisoirement réduit à moitié; il sera, dans ce cas, délivré, pour l'excédant, des obligations portant intérêt à 4 p. 100 et payables aussitôt que les affaires de la Société le permettront.

Art. 38.

Le Directeur a la faculté, avec l'autorisation du Conseil général, de résilier les polices d'assurance en cas de mort sur lesquelles les primes auront été payées durant cinq années consécutives. Cette résiliation aura lieu, moyennant l'abandon de la part de l'assuré, d'une somme déterminée sur le montant des primes versées et des intérêts produits par lesdites primes : elle ne sera, en aucun cas, obligatoire pour la Société.

Art. 39.

Les polices d'assurances sont susceptibles d'être transmises par des transferts réguliers, pour lesquels il sera tenu, à la diligence du Directeur de l'établissement, un registre spécial. Mention du transfert et de son inscription sur les registres de la Société est faite sur chaque police.

Les cessionnaires des polices d'assurance contractées pour une vie entière jouissent de tous les droits attribués aux sociétaires ; ils participent, en conséquence, aux bénéfices de l'association dans la proportion de leur intérêt, à moins que le cédant n'ait transporté que ses droits à la somme assurée, et se soit réservé la part afférente à la police transférée dans les bénéfices de l'association.

Art. 40.

A partir de l'inscription du transfert sur le registre de l'établissement, les primes annuelles d'assurance sont dues par le cessionnaire.

Art. 41.

Le cessionnaire d'une police d'assurance peut s'affranchir des risques extraordinaires pour les cas de guerre et de voyage au delà des limites du continent de l'Europe, en s'obligeant, au moment même de l'inscription du transfert sur les registres de l'Etablissement, à payer à la Société une prime fixe, si l'assuré vient à mourir dans l'un des cas prévus par l'art. 14 des présents Statuts.

Le montant de cette prime est déterminé par le Conseil général d'administration, sur la proposition du Directeur de l'Etablissement.

FONDS DE L'ASSOCIATION.

Art. 42.

Les fonds provenant des primes d'assurances uniques ou annuelles sont convertis, dans les huit jours de leur versement dans la caisse de l'Etablissement, en rentes françaises inscrites au nom de *L'Equitable,* établissement d'assurances mutuelles en cas de mort, ou remis au trésor ou à la Banque de France en compte courant, au nom de l'Etablissement.

La nature des rentes à acquérir pour le compte de la Société est déterminée, le Directeur de l'Etablissement entendu, par le Conseil général d'administration.

Art. 43.

Les sommes versées dans la caisse de l'Etablissement pour la constitution de rentes viagères sont également converties en rentes dans les huit jours de leur versement, ou remises à la Banque ou au trésor en compte courant; il est tenu un compte spécial et entièrement distinct de ce placement, pour lequel, le cas échéant, la nature des rentes à acquérir est aussi déterminée par le Conseil général d'administration, ainsi qu'il est dit à l'article précédent.

Art. 44.

Les titres des rentes acquises aux termes des articles 42 et 43 sont renfermés dans une caisse à deux clefs; une de ces clefs est conser-. vée par le Commissaire délégué, et la seconde par le Directeur de l'Etablissement.

Art. 45.

Lorsque la somme provenant des primes d'assurances, et employée en rentes ou placée au trésor ou à la Banque, conformément à l'art. 43, s'élèvera à un million de francs, déduction faite des sommes payées aux ayant-droits des assurés décédés, le tiers du produit des primes à toucher pourra, après avoir été provisoirement placé en rentes ou en compte courant à la Banque ou au trésor, être ultérieurement employé en achats d'immeubles à Paris, ou placé avec garantie hypothécaire sur immeubles situés aussi à Paris et entièrement libres d'hypothèques.

Art. 46.

Aucun placement hypothécaire ni aucun achat d'immeubles ne pourra avoir lieu que sur le rapport du notaire de la Société, et sur celui de deux architectes spécialement délégués à cet effet par le Conseil général d'administration.

Il devra être en outre approuvé par une délibération prise par le Conseil général d'administration, sur la proposition du Directeur.

Cette délibération devra être votée par une majorité, se composant au moins de huit membres du Conseil.

Art. 47.

Extrait de cette délibération sera annexé aux actes d'acquisition et aux contrats de prêt, qui devront être signés par le Directeur de l'Etablissement et trois membres du Conseil d'administration, spécialement délégués à cet effet par le Conseil général.

Art. 48.

Les conditions principales de la location des immeubles appartenant à la Société sont déterminées par délibérations spéciales du
Conseil général d'administration. Les baux sont signés par le Directeur et le Commissaire délégué.

Art. 49.

Il est pourvu au paiement des sommes à payer par la Société,
soit en conséquence de décès d'assurés, soit par suite de résiliation
de polices, soit pour tous autres objets à la charge de la Société, au
moyen de la vente d'une somme de rentes suffisante pour acquitter
les sommes dues ou du retrait de la somme nécessaire de la caisse
du trésor ou de la Banque.

Cette vente ou ce retrait ne peut avoir lieu qu'en vertu d'une délibération du Conseil général d'administration, sur la proposition
du Directeur de l'Etablissement.

Les transferts dans le premier cas, les récépissés dans le second,
sont signés par le Directeur et par trois membres du Conseil, délégués à cet effet par le Conseil général.

Art. 50

Les immeubles appartenant à l'institution ne peuvent être vendus qu'en vertu d'une délibération de l'Assemblée générale des sociétaires, sur la proposition du Conseil général d'administration.

L'Assemblée des sociétaires détermine, le cas échéant, la forme
et les conditions de la vente, ainsi que le réemploi des fonds qui en
proviennent, et délègue, pour exécuter sa délibération et signer le
contrat, avec le Directeur de l'Etablissement, trois membres au
moins du Conseil général d'administration, ou laisse au choix du
Conseil lui-même la nomination de ces trois Commissaires.

Art. 51.

Le prix de la vente des immeubles de la Société et le remboursement des sommes prêtées par elle sur contrat hypothécaire ne peuvent
être valablement touchés que sur une quittance signée par le Directeur
de l'Etablissement, et par trois membres du Conseil d'administration spécialement délégués à cet effet par une délibération du Conseil général.

Art. 52.

Les arrérages des rentes appartenant à l'Etablissement, les intérêts des sommes versées au trésor ou à la banque, ou prêtées sur
hypothèques, et les loyers des immeubles appartenant à la Société,
sont perçus par le Directeur, sur une quittance signée par lui et
visée par le Commissaire délégué.

Art. 53.

Il est pourvu au service des rentes viagères constituées par l'Etablissement, au moyen du retrait de la Banque ou du trésor de la somme nécessaire au paiement des arrérages, ou de la vente d'une
somme suffisante de rentes appartenant à la Société.

Ces ventes sont faites conformément à l'art. 49 des présents
Statuts.

INVENTAIRE ET RÉPARTITION DES BÉNÉFICES.

Art. 54.

Il est procédé tous les cinq ans, par les soins du Directeur et sous
la surveillance immédiate du Conseil hebdomadaire d'administration, à l'établissement d'un inventaire général et détaillé des valeurs actives de la Société et de ses obligations.

. Les obligations de la Société sont représentées dans cet inventaire par la valeur des polices non éteintes à la date de son établissement et par celle des rentes à servir.

. L'excédant de l'actif sur le passif représente le bénéfice acquis à
la date de chaque inventaire, c'est-à-dire la somme des avantages
produits en faveur de la Société par les chances de la mortalité
des assurés ou des rentiers viagers.

Art. 55.

Le premier inventaire général aura lieu le 15 janvier 1855, et
sera continué de cinq ans en cinq ans.

Art. 56.

L'inventaire quinquennal, après avoir été approuvé par le Conseil général d'administration, est soumis à l'Assemblée générale
des membres de l'association, laquelle fixe, sur la proposition du
Conseil, la part des bénéfices à attribuer aux sociétaires.

Cette part ne peut excéder les deux tiers des bénéfices constatés par l'inventaire.

Art. 57.

Les bénéfices appartiennent exclusivement aux membres de la Société qui ont payé la prime annuelle due sur leur police pendant cinq ans, ou qui ont payé depuis cinq ans la prime unique, si la police a stipulé un seul versement, et qui ont souscrit une police pour une vie entière.

Pour la division des bénéfices, les souscripteurs sont classés suivant le nombre d'années pendant lequel ils ont payé les primes annuelles d'assurance, ou depuis lequel ils ont versé leur mise unique, s'ils ont adopté ce mode.

Le partage entre les classes est fait en proportion arithmétique de la durée des assurances, en sorte que (sauf égalisation des sommes) la part de la 1re classe, composée des souscripteurs de cinq ans, est à la 2e classe, composée des souscripteurs de six ans, à la 3e, composée des souscripteurs de sept ans, etc., comme cinq est à six, sept, etc.

Art. 58.

La part proportionnelle des bénéfices afférente à chaque police en vertu du dernier inventaire est payée, au décès de l'assuré, à ses héritiers ou ayant-droits, en addition à la somme principale assurée par la police.

Art. 59.

Une fois votée par l'Assemblée générale des sociétaires, la part proportionnelle de bénéfices attribuée à chaque police est due par la Société de la même manière que si elle avait été comprise dans le premier contrat d'assurances.

Tant que la police est en vigueur, elle concourt à toutes les répartitions de bénéfices résultant des inventaires successifs pendant toute l'existence de l'assuré.

ADMINISTRATION.

§ 1. — *Du Directeur.*

Art. 60.

L'Etablissement est géré par un Directeur, sous le contrôle et avec le concours d'un Conseil général d'administration. Son trai-

.tement est fixé par le Conseil d'administration pour toute la durée de ses fonctions.

ART. 61.

Le Conseil général d'administration nomme et révoque, sur la proposition du Directeur, tous les fonctionnaires et employés qu'il juge nécessaires pour la marche de l'Etablissement, et fixe leurs attributions et traitements, après avoir pris l'avis du Directeur et du Conseil hebdomadaire. Dans le cas où l'adjonction d'un ou de plusieurs co-directeurs est jugée utile, la nomination a lieu, sur la proposition du Directeur, par le Conseil général d'administration.

ART. 62.

Le Directeur est exclusivement chargé des mesures à prendre pour préparer la création et le développement des opérations de la Société. Il dirige et signe la correspondance, reçoit les propositions d'assurances et de contrats viagers, et signe, conjointement avec le commissaire délégué ou seul, suivant le cas, les endossements, mandats à vue, ainsi que tous les contrats et actes qui engagent la Société, après qu'ils ont été approuvés par le Conseil général ou le Conseil hebdomadaire d'administration dans les termes des présents Statuts.

A chaque réunion, soit du Conseil hebdomadaire, soit du Conseil général dont il est parlé ci-après, le Directeur présente un rapport écrit et signé sur toutes les questions à l'ordre du jour, ainsi que l'état du mouvement des fonds de la Société.

Il est chargé de l'exécution des délibérations du Conseil, soit hebdomadaire, soit général, et assiste avec voix consultative à toutes les délibérations, hors les cas où elles portent sur des questions qui lui sont personnelles.

Il exerce au nom de la Société, mais avec l'autorisation du Conseil d'administration, toute action judiciaire, et défend à toute action intentée contre la Société.

ART. 63.

Les frais d'organisation, de gestion et de surveillance, sont à la charge du fonds de l'Etablissement.

Au commencement de chaque trimestre, le Directeur soumet au Conseil hebdomadaire le budget des dépenses qu'il juge nécessaires pour le trimestre. Ce budget est ensuite discuté sur le rapport du

Conseil hebdomadaire par le Conseil général d'administration, et voté par lui.

Le montant des dépenses comprises dans ce budjet est avancé soit par le Directeur, soit par toute Société financière constituée par lui à cet effet, et le remboursement en est fait ensuite des deniers de l'Etablissement, mais seulement sur les fonds restés libres après le paiement des sinistres courants. Ce remboursement à lieu sur états trimestriels arrêtés par le Directeur et approuvés par le Conseil général d'administration ; il est opéré conformément aux dispositions de l'art. 49 des présents Statuts.

Il est, en outre, alloué au Directeur-fondateur ou à la Compagnie formée par lui, à titre de rémunération et pour l'indemniser des avances faites et des charges qu'il accepte dans l'intérêt de l'Etablissement, un pour cent sur le montant de chaque assurance et de chaque somme versée pour la constitution de rentes viagères. — Ce 1 p. 100 est payé par les souscripteurs ou rentiers à titre de droit d'entrée et de fondation, en sus de leur versement, soit au moment de la signature des contrats, soit par fractions, à des époques réglées de gré à gré. Le décompte des sommes provenant de cette perception sera fait tous les ans, et le montant en sera payé au Directeur fondateur ou à la Compagnie financière formée par lui, conformément à l'art. 49.

Art. 64.

L'administration du Directeur est garantie, outre sa responsabilité personnelle, par un cautionnement de cinq mille francs de rentes trois pour cent, dont l'inscription est déposée à la Caisse des consignations. Le cautionnement est affecté, indépendamment du recours qui s'exerce, s'il y a lieu, sur les biens du Directeur, à la garantie de tous ses actes.

Art. 65.

En outre, le Directeur doit être souscripteur d'une assurance dont l'importance est fixée par le Conseil général d'administration, et dont le chiffre suivra la progression déterminée par l'art. 6 des présents Statuts.

Art. 66.

Lorsqu'il résultera d'un ou de plusieurs inventaires que, sur le montant des bénéfices acquis à la Société, la somme mise en réserve pour parer aux éventualités de l'avenir s'élève au moins à trois cent mille francs, le Directeur-fondateur ou la Compagnie financière formée par lui pourra exiger le remboursement des avances qu'il aura faites conformément à l'art. 36 pour le paiement des sommes assurées et devenues exigibles par suite du décès des assurés.

Art. 67.

Les fonctions de Directeur seront remplies par M. Albert de Montry, fondateur de l'Etablissement.

Art. 68.

En cas de non-exécution des présents Statuts, ou dans le cas de fautes graves commises dans l'exercice de ses fonctions, la révocation du Directeur peut être prononcée par l'Assemblée générale des Sociétaires, sur la proposition motivée du Conseil général d'administration. L'Assemblée générale ne peut, dans ce cas, se composer de moins de deux cents membres.

Art. 69.

En cas de retraite de démission, de révocation ou de décès du Directeur, son successeur est nommé par l'Assemblée générale des Sociétaires, sur la présentation du Conseil géneral d'administration.

Il est tenu, avant d'entrer en fonctions, de fournir les garanties exigées par les art. 64 et 65.

Jusqu'à sa nomination, les affaires de la Société sont gérées par un Directeur provisoire, nommé par le Conseil général d'admini-stration, sur la présentation du Conseil hebdomadaire.

Art. 70.

Dans aucun cas les héritiers ou ayant-droits du Directeur décédé ne peuvent faire apposer les scellés sur les bureaux, registres ou papiers de l'Etablissement.

Art. 71.

Si le Directeur entrant consent à répondre des faits de gestion et des obligations à la charge de son prédécesseur, le même cautionnement peut être affecté à la garantie de l'une et de l'autre gestion.

Dans le cas contraire, le Directeur entrant fournit un cautionnement séparé, qui est exclusivement affecté à la garantie de sa propre gestion, et celui du Directeur sortant ne lui est rendu qu'après l'apurement de tous ses comptes.

§ 2. — *Du Conseil d'administration.*

Art. 72.

L'administration supérieure de la Société appartient à un Conseil général composé de quinze membres.

Ces membres sont choisis par l'Assemblée générale des Sociétaires parmi les souscripteurs ou les cessionnaires (résidant à Paris) d'une police d'assurance de dix mille francs au moins, reposant sur leur propre tête ou sur celle d'un tiers, et contractée pour la vie entière.

Si deux personnes sont intéressées dans la même police, bien que l'intérêt de chacune d'elles soit de dix mille francs, une seule peut être appelée au conseil d'administration.

Art. 73.

Le Conseil général d'administration se réunit au moins une fois par mois.

Il nomme dans son sein, au scrutin secret, un Président et deux Vice-Présidents.

Un Secrétaire est aussi attaché au Conseil; il est nommé par lui, et peut être choisi parmi ses membres ou en dehors du Conseil.

Art. 74.

Un Conseil hebdomadaire, composé de cinq membres, est chargé de l'expédition des affaires courantes.

Ce Conseil est présidé par le Président ou l'un des deux Vice-Présidents, qui en font partie à tour de rôle.

Les membres sont renouvelés tous les quatre mois, et le Président tous les huit mois, de la manière suivante :

Les noms des douze membres du Conseil général (les Président et Vice-Présidents exceptés) sont placés dans une urne, et un numéro d'ordre leur est donné suivant le rang dans lequel chacun sort de l'urne.

Le Conseil hebdomadaire se compose, pendant les quatre premiers mois, du Président du Conseil général et des membres n°s 1, 2, 3 et 4.

Au bout des quatre mois, le Président restant le même, les membres n°s 1 et 2 sont remplacés par les n°s 5 et 6.

A l'expiration du huitième mois, le Président est remplacé par l'un des deux Vice-Présidents, désigné par la voie du sort, et les n°s 3 et 4 font place aux n°s 7 et 8.

Le mouvement de rotation continuant de la même manière, à l'expiration de vingt mois tous les membres du Conseil général auront fait partie du Conseil hebdomadaire, et recommenceront le même service dans le même ordre.

En cas d'empêchement temporaire d'un membre du Conseil de service au Conseil hebdomadaire, il peut être remplacé, pour un temps déterminé, par un des membres du Conseil général, avec l'approbation de ce Conseil.

Tout nouveau membre entrant dans le Conseil général d'administration prend le rang de l'administrateur qu'il remplace.

Art. 75.

Un commissaire délégué, élu par le Conseil général d'administration au scrutin secret, est chargé de la surveillance journalière des opérations de la Société, notamment du mouvement des fonds, et de la conversion en rentes ou du versement au trésor ou à la Banque des sommes reçues. Il signe, conjointement avec le Directeur, les polices, contrats, récépissés, mandats à vue, avertissements, et tous les documents délivrés au nom de l'Etablissement.

Il demeure en fonctions pendant un an, et ne peut être réélu qu'après un an d'intervalle.

Il assiste et vote aux réunions du Conseil hebdomadaire, qu'il fasse ou non partie des cinq membres qui le composent.

Le Secrétaire du Conseil général assiste également à chaque réunion du Conseil hebdomadaire, avec le droit d'y voter, s'il est choisi parmi les membres du Conseil.

Art. 76.

Le Conseil hebdomadaire a dans ses attributions spéciales :

L'examen des propositions d'assurance, des pièces et documents produits à l'appui ;

L'admission ou le rejet de ces propositions, avec ou sans modifications ;

L'autorisation de former des actions judiciaires, ou d'y défendre ;

La discussion des contrats viagers et la surveillance immédiate de l'établissement de l'inventaire (art. 17, 18, 20, 26, 33, 54, 62, des présents statuts).

Le Directeur assiste à ses délibérations avec voix consultative.

Lorsqu'il y a dissentiment entre le Directeur et le Conseil hebdomadaire, la question est déférée au Conseil général, qui, en cas d'urgence, peut être convoqué extraordinairement à cet effet, et dont la décision est exécutée.

Art. 77.

Le Conseil général est seul appelé à prononcer sur les objets suivants :

La remise en vigueur des polices déchues ; le paiement des sommes assurées ; les avances à faire par le Directeur ; la résiliation des polices ; la fixation de la prime à payer par les cessionnaires de polices pour les risques extraordinaires ; le choix des rentes à acheter pour le placement des fonds de la Société ; les versements à faire au Trésor public ou à la Banque en compte courant ; les achats d'immeubles et les prêts hypothécaires ; la location des immeubles appartenant à la Société ; la vente des rentes, ou la disposition des fonds versés au Trésor ou à la Banque, pour le paiement des obligations de l'Etablissement, et l'approbation de l'inventaire quinquennal (art. 27, 29, 36, 38, 41, 42, 43, 46, 48, 49, 53 et 56 des statuts).

Le Conseil général délibère également sur toutes les questions qui lui sont déférées, soit par le Conseil hebdomadaire, soit par le Directeur, sauf, s'il le juge convenable, à en renvoyer la décision à l'Assemblée générale des Sociétaires.

Art. 78.

En cas d'absence ou d'empêchement du Président et des deux Vice-Présidents du Conseil général, la réunion est présidée par un membre, nommé séance tenante.

Pour délibérer valablement, le Conseil général doit se composer de sept membres au moins.

S'il y a partage, la voix du Président ou de celui qui le remplace est prépondérante.

Art. 79.

Le Conseil hebdomadaire, en cas d'absence ou d'empêchement de son Président, est présidé par un membre nommé à l'ouverture de la séance.

Pour délibérer valablement, il doit se composer de trois membres au moins.

En cas de partage, la voix du Président ou de celui qui le remplace est prépondérante.

Art. 80.

Il est tenu , par les soins du Secrétaire du Conseil , deux registres séparés où sont inscrites les délibérations du Conseil général et celles du Conseil hebdomadaire. Ces délibérations sont signées par le Président et le Secrétaire de chaque Conseil.

Art. 81.

Les membres du Conseil seront renouvelés par tiers, tous les deux ans : aux deux premiers renouvellements , les cinq membres sortants seront désignés par la voie du sort.

En cas de décès , de démission ou d'empêchement d'un membre du Conseil, il est pourvu à son remplacement, sauf approbation par la première Assemblée générale , par les membres restants.

Art. 82.

Les membres du Conseil sont révocables par l'Assemblée générale , composée de soixante Sociétaires au moins. Ceux dont les polices sont résiliées, tombées en déchéance ou transférées à des tiers, cessent de droit d'en faire partie.

Art. 83.

Pour indemniser les membres du Conseil d'administration de leurs déplacements , il leur est attribué , pour chaque séance à laquelle ils assistent, un jeton de présence de la valeur de dix francs.

Le Commissaire délégué et le Secrétaire (s'il est membre du Conseil) n'ont droit à aucun jeton pendant la durée de leurs fonctions, mais chacun d'eux reçoit une allocation de cent à deux cent cinquante francs par mois.

Cette allocation peut être portée jusqu'à quatre cents francs par mois pour chacun d'eux, et la valeur des jetons peut être augmentée jusqu'au maximum de trente francs par une délibération de l'Assemblée générale des Sociétaires.

Art. 84.

Jusqu'à la première Assemblée générale des Sociétaires, les affaires de la Société seront administrées par les sept premiers souscripteurs de polices de dix mille francs au moins, sur une vie entière, qui réuniront provisoirement les attributions du Conseil hebdomadaire et du Conseil général.

Art. 85.

L'Assemblée générale des Sociétaires représente l'universalité des droits et des intérêts des membres de la Société.

Elle se compose de tous les souscripteurs d'une police de dix mille francs au moins, reposant sur une vie entière.

Si deux Sociétaires sont intéressés dans une police, il faut que l'intérêt de chacun soit au moins de dix mille francs pour qu'ils soient admis tous les deux à l'Assemblée générale.

L'Assemblée générale, pour être régulièrement constituée, doit se composer de cent membres au moins.

Dans le cas où, dans les premiers temps de la Société, il n'existerait pas cent souscripteurs de dix mille francs au moins assurés pour une vie entière, les cent plus forts souscripteurs seront de droit membres de l'Assemblée générale.

Art. 86.

L'Assemblée générale des Sociétaires se réunit tous les ans, au mois de mars, aux jour et lieu fixés par le Conseil général d'administration.

Elle peut, en outre, être convoquée par le Conseil ou le Directeur, toutes les fois que les affaires de la Société l'exigent.

Art. 87.

Les convocations ont lieu par lettres adressées aux ayant-droits, quinze jours à l'avance, et signées par le Directeur et le Commissaire délégué.

Elles sont en outre annoncées, dans les mêmes délais dans trois des principaux journaux qui se publient à Paris.

Art. 88.

L'Assemblée est présidée de droit par le Président du Conseil général d'administration ou par celui de ses membres que le Conseil délègue d'avance à cet effet.

Le bureau se compose, en outre, de deux Scrutateurs et d'un Secrétaire. Le Secrétaire est de droit le Secrétaire du Conseil d'administration ; les deux Scrutateurs sont nommés par l'Assemblée.

Art. 89.

Les Sociétaires qualifiés pour assister et voter à l'Assemblée ont droit de s'y faire représenter au moyen d'un pouvoir dûment légalisé, qui doit être déposé entre les mains du Secrétaire du Conseil huit jours au moins avant celui fixé pour la réunion.

Ce pouvoir ne peut être donné qu'au souscripteur d'une police d'assurance pour une vie entière, mais il n'est pas nécessaire que cette police soit pour une somme de dix mille francs.

Art. 90.

Si, à une première convocation, l'Assemblée ne réunit pas cent membres, elle est ajournée à un mois, et à cette seconde réunion, qui doit être, comme la précédente, annoncée dans les mêmes journaux, les délibérations sont valables, quel que soit le nombre des votants.

Art. 91.

Les délibérations sont prises à la majorité absolue des voix.

Chaque membre n'a qu'une voix ; les mandataires ont, en outre, autant de voix que de mandats. Les délibérations sont inscrites sur un registre spécial tenu à cet effet et signées par tous les membres du bureau.

Art. 92.

L'Assemblée générale à pour objet :

1° D'entendre le compte rendu, par le Directeur et le Conseil général d'administration, des opérations de la Société pendant l'année ;

2° D'entendre le rapport des Censeurs spécialement chargés de la vérification des comptes en deniers, dont il sera parlé ci-après :

3° De voter sur la nomination, et, le cas échéant, sur la révocation, des membres du Conseil d'administration ; de procéder au remplacement des membres sortants ou de ceux qui ont cessé de faire partie du Conseil par suite de démission, de décès, ou de tout autre empêchement ;

4° De prononcer, dans les cas prévus, la révocation du Directeur ; de nommer son successeur définitif ou provisoire, en cas de retraite, de décès ou de révocation, sur la proposition du Conseil d'administration ;

5° De voter sur les questions réservées à l'Assemblée générale des Sociétaires par les art. 6, 8, 12, 37, 50, 56, des présents statuts, et sur toutes celles qui seront proposées, dans les limites des statuts, soit par le Directeur, soit par le Conseil d'administration.

Art. 93.

Trois Censeurs sont nommés, à chaque Assemblée annuêlle, parmi les souscripteurs de polices d'assurances sur une vie entière, pour vérifier les comptes de l'exercice prochain et faire à l'Assemblée de l'année suivante un rapport sur le résultat de leur vérification.

A cet effet, les comptes sont remis aux Censeurs, un mois au moins avant l'Assemblée, par le Directeur, et il est tenu de leur communiquer tous les documents nécessaires pour la vérification dont ils sont chargés.

Les Censeurs ne peuvent être choisis parmi les membres du Conseil d'administration.

Ils peuvent être indéfiniment réélus.

Il leur est alloué des jetons de présence, dont l'Assemblée générale, après avoir entendu leur rapport, détermine le nombre et la valeur.

Art. 94.

L'Assemblée générale des Sociétaires, spécialement convoquée à cet effet, pourra, sur la proposition faite d'accord par le Directeur et le Conseil d'administration, voter les changements qui seront jugés nécessaires aux présents statuts.

DISSOLUTION ET LIQUIDATION.

Art. 95.

Dans le cas où deux Assemblées générales des Sociétaires, réunis à un mois de distance, viendraient à décider à la majorité des deux tiers des membres présents qu'il y a lieu à cesser les opérations de l'Établissement, il sera procédé à la liquidation des affaires de la Société.

Cette liquidation sera faite par le Directeur, avec le concours et sous le contrôle d'une Commission de cinq membres, nommée par l'Assemblée générale des Sociétaires.

Une seconde Assemblée se réunira dans le délai d'un an, au plus tard, sur la convocation de cette Commission, et déterminera le mode de répartition à suivre pour le bénéfice qui sera accru à la Société depuis le dernier inventaire.

Jusqu'à ce que ce mode de répartition ait été déterminé, les sommes assurées seront payées au fur et à mesure des extinctions, avec l'addition du surplus fixé par le dernier inventaire.

Des Assemblées générales seront successivement convoquées, suivant les circonstances, par le Directeur ou la Commission de liquidation, pour prononcer sur les questions à résoudre.

Seront appelés à ces Assemblées et auront droit d'y voter, à partir de deux ans après la date de la mise en liquidation de l'Établissement, tous les membres de la Société, pourvu qu'ils soient souscripteurs d'une police d'assurance pour une vie entière.

PRIX D'UNE ASSURANCE DE 100 FRANCS SUR UNE TÊTE,
PAYABLE AU DÉCÈS.

AGES.	PRIME UNIQUE.	PRIME ANNUELLE.	AGES.	PRIME UNIQUE.	PRIME ANNUELLE.
	fr.	fr.		fr.	fr.
8	27 710	1 386	40	45 540	2 822
9	27 590	1 377	41	46 582	2 929
10	27 655	1 382	42	47 662	3 040
11	27 927	1 400	43	48 798	3 163
12	28 412	1 431	44	49 980	3 294
13	28 920	1 465	45	51 212	3 436
14	29 445	1 501	46	52 500	3 590
15	29 990	1 537	47	53 737	3 742
16	30 554	1 576	48	55 034	3 909
17	31 038	1 610	49	56 275	4 076
18	31 537	1 645	50	57 572	4 256
19	32 058	1 682	51	58 822	4 437
20	32 594	1 720	52	60 022	4 618
21	33 040	1 753	53	61 269	4 815
22	33 507	1 788	54	62 570	5 028
23	33 982	1 824	55	63 817	5 242
24	34 477	1 860	56	65 118	5 476
25	34 984	1 899	57	66 475	5 732
26	35 510	1 939	58	67 780	5 990
27	36 055	1 982	59	69 138	6 274
28	36 618	2 026	60	70 555	6 586
29	37 200	2 073	61	72 032	6 931
30	37 800	2 122	62	73 569	7 314
31	38 422	2 174	63	75 074	7 713
32	39 069	2 228	64	76 642	8 158
33	39 738	2 286	65	78 282	8 661
34	40 430	2 344	66	79 887	9 192
35	41 150	2 408	67	81 462	9 757
36	41 898	2 476	68	82 989	10 350
37	42 669	2 546	69	84 465	10 971
38	43 587	2 632	70	85 874	11 613
39	44 542	2 725	»	» »	» »

PRIX D'UNE ASSURANCE **DIFFÉRÉE**, EN CAS DE MORT, **SUR UNE TÊTE**.

TARIF des sommes à payer en un versement, ou par primes annuelles, pour qu'il soit dû le capital de 100 fr. au décès d'un individu, dans le cas seulement-où le décès arrivera après l'expiration d'un nombre d'années déterminé.

AGE.	DÉLAI DE 5 ANS.		DÉLAI DE 10 ANS.		AGE.	DÉLAI DE 5 ANS.		DÉLAI DE 10 ANS.	
	versement unique.	prime annuelle.	versement unique.	prime annuelle.		versement unique.	prime annuelle.	versement unique.	prime annuelle.
	fr.	fr.	fr.	fr.		fr.	fr.	fr.	fr.
8	22 662	1 133	19 557	0 978	35	35 436	2 074	31 008	1 815
9	23 224	1 160	19 982	0 998	36	36 276	2 144	31 800	1 879
10	23 750	1 187	20 367	1 018	37	37 152	2 217	32 502	1 940
11	24 246	1 215	20 630	1 034	38	38 022	2 296	33 192	2 005
12	24 600	1 240	20 857	1 051	39	38 916	2 380	33 786	2 067
13	24 954	1 265	21 091	1 069	40	39 852	2 470	34 398	2 132
14	25 338	1 291	21 327	1 087	41	40 824	2 566	34 908	2 195
15	25 716	1 318	21 570	1 106	42	41 688	2 660	35 316	2 243
16	25 992	1 341	21 823	1 126	43	42 600	2 761	35 730	2 316
17	26 316	1 365	22 116	1 147	44	43 386	2 859	36 156	2 383
18	26 652	1 390	22 412	1 169	45	44 202	2 966	36 456	2 416
19	26 988	1 416	22 713	1 192	46	44 892	3 069	36 768	2 514
20	27 336	1 443	23 028	1 216	47	45 516	3 170	37 140	2 587
21	27 738	1 472	23 382	1 241	48	46 152	3 279	37 380	2 655
22	28 152	1 502	23 750	1 267	49	46 896	3 396	37 692	2 730
23	28 578	1 533	24 132	1 295	50	47 484	3 511	37 986	2 808
24	29 010	1 566	24 522	1 323	51	48 186	3 634	38 352	2 893
25	29 460	1 599	24 924	1 353	52	48 984	3 769	38 790	2 984
26	29 928	1 635	25 356	1 385	53	49 620	3 898	39 078	3 070
27	30 420	1 672	25 788	1 418	54	50 280	4 040	39 366	3 163
28	30 924	1 712	26 340	1 458	55	51 162	4 194	39 720	3 262
29	31 434	1 752	26 928	1 501	56	51 834	4 359	39 900	3 355
30	31 980	1 795	27 540	1 546	57	52 638	4 539	39 912	3 441
31	32 544	1 841	28 176	1 594	58	53 376	4 717	39 786	3 517
32	33 120	1 887	28 836	1 645	59	54 126	4 911	39 444	3 579
33	33 852	1 947	29 532	1 698	60	54 894	5 124	38 844	3 626
34	34 630	2 009	30 252	1 755		»	»	»	»

PRIX D'UNE ASSURANCE TEMPORAIRE SUR UNE TETE,
PAYABLE AU DÉCÈS.

Somme assurée : 100 francs.

AGE.	ASSURANCE pour un an. Prix unique	ASSURANCE pᵣ cinq ans. Prix unique.	ASSURANCE pᵣ dix ans. Prix unique	AGE.	ASSURANCE pour un an. Prix unique.	ASSURANCE pᵣ cinq ans. Prix unique	ASSURANCE pᵣ dix ans. Prix unique
	fr.	fr.	fr.		fr.	fr.	fr.
8	1 535	5 048	8 152	35	1 330	5 714	10 142
9	1 296	4 365	7 608	36	1 346	5 622	10 098
10	1 049	3 904	7 287	37	1 191	5 517	10 167
11	0 794	3 681	7 297	38	1 204	5 565	10 395
12	0 799	3 812	7 555	39	1 216	5 626	10 756
13	0 805	3 966	7 828	40	1 229	5 688	11 142
14	0 811	4 107	8 118	41	1 243	5 758	11 674
15	0 816	4 274	8 420	42	1 256	5 974	12 346
16	0 959	4 562	8 731	43	1 270	6 198	13 068
17	0 967	4 722	8 922	44	1 284	6 594	13 824
18	0 975	4 885	9 124	45	1 299	7 010	14 756
19	0 984	5 070	9 344	46	1 501	7 608	15 732
20	1 134	5 258	9 566	47	1 521	8 221	16 597
21	1 145	5 302	9 658	48	1 734	8 882	17 654
22	1 157	5 355	9 757	49	1 760	9 379	18 583
23	1 168	5 404	9 850	50	1 986	10 088	19 596
24	1 180	5 467	9 955	51	2 223	10 636	20 470
25	1 193	5 524	10 060	52	2 266	11 038	21 232
26	1 205	5 582	10 154	53	2 312	11 649	22 191
27	1 218	5 635	10 267	54	2 574	12 290	23 204
28	1 231	5 694	10 278	55	2 632	12 655	24 097
29	1 244	5 766	10 272	56	2 694	13 284	25 218
30	1 258	5 820	10 260	57	2 988	13 837	26 563
31	1 271	5 878	10 246	58	3 067	14 404	27 994
32	1 286	5 949	10 233	59	3 151	15 012	29 694
33	1 300	5 886	10 206	60	3 240	15 661	31 711
34	1 315	5 798	10 178	»	»	»	»

PRIX D'UNE ASSURANCE **TEMPORAIRE** POUR **5 ET 10 ANS**, **SUR UNE TETE**, PAYABLE AU DÉCÈS.

Somme assurée : 100 francs.

AGE.	ASSURANCES pour **cinq** ans. Primes annuelles	ASSURANCES pour **dix** ans. Primes annuelles.	AGE.	ASSURANCES pour **cinq** ans. Primes annuelles	ASSURANCES pour **dix** ans. Primes annuelles.
	fr.	fr.		fr.	fr.
8	1 114	1 005	35	1 261	1 238
9	0 959	0 933	36	1 240	1 252
10	0 855	0 891	37	1 215	1 259
11	0 805	0 891	38	1 226	1 288
12	0 834	0 923	39	1 240	1 334
13	0 868	0 958	40	1 254	1 383
14	0 900	0 995	41	1 270	1 451
15	0 937	1 033	42	1 318	1 538
16	1 001	1 074	43	1 368	1 632
17	1 036	1 098	44	1 456	1 732
18	1 873	1 124	45	1 551	1 856
19	1 115	1 153	46	1 686	1 988
20	1 157	1 182	47	1 825	2 107
21	1 167	1 194	48	1 978	2 253
22	1 179	1 207	49	2 093	2 382
23	1 190	1 219	50	2 257	2 524
24	1 204	1 232	51	2 387	2 650
25	1 217	1 246	52	2 480	2 760
26	1 230	1 258	53	2 622	2 897
27	1 242	1 273	54	2 774	3 045
28	1 255	1 275	55	2 861	3 176
29	1 271	1 275	56	3 010	3 339
30	1 283	1 273	57	3 144	3 538
31	1 297	1 272	58	3 279	3 747
32	1 313	1 270	59	3 423	3 999
33	1 299	1 266	60	3 579	4 303
34	1 280	1 263	»	»	»

PRIX D'UNE ASSURANCE DE **100 FR. SUR 2 TÊTES,**

PAYABLE AU PREMIER DÉCÈS.

Différence d'âge, 10 ans.

AGES.	PRIMES UNIQUES.	PRIMES ANNUELLES.	AGES.	PRIMES UNIQUES.	PRIMES ANNUELLES.
	fr.	fr.		fr.	fr.
8—18	43 592	2 632	35—45	60 235	4 651
9—19	43 680	2 641	36—46	61 310	4 821
10—20	43 928	2 665	37—47	62 349	4 992
11—21	44 257	2 696	38—48	63 522	5 191
12—22	44 764	2 745	39—49	64 660	5 392
13—23	45 290	2 798	40—50	65 856	5 614
14—24	45 836	2 852	41—51	67 024	5 839
15—25	46 402	2 910	42—52	68 160	6 068
16—26	46 988	2 970	43—53	69 345	6 319
17—27	47 510	3 025	44—54	70 596	6 595
18—28	48 050	3 082	45—55	71 820	6 879
19—29	48 608	3 142	46—56	73 104	7 195
20—30	49 190	3 206	47—57	74 382	7 525
21—31	49 707	3 264	48—58	75 636	7 869
22—32	50 238	3 324	49—59	76 884	8 229
23—33	50 787	3 386	50—60	78 194	8 632
24—34	51 355	3 452	51—61	79 516	9 062
25—35	51 940	3 522	52—62	80 820	9 520
26—36	52 550	3 596	53—63	82 116	10 004
27—37	53 184	3 673	54—64	83 484	10 552
28—38	53 935	3 768	55—65	84 864	11 149
29—39	54 720	3 868	56—66	86 238	11 788
30—40	55 536	3 976	57—67	87 600	12 478
31—41	56 390	4 092	58—68	88 878	13 180
32—42	57 285	4 216	59—69	90 133	13 928
33—43	58 224	4 350	60—70	91 344	14 712
34—44	59 208	4 495	» »	» »	» »

PRIX D'UNE ASSURANCE DE LA SOMME DE **100 FR. SUR 2 TÊTES,**
PAYABLE A LA MORT DE LA DERNIÈRE.

AGE.	PAIEMENTS UNIQUES.	PAIEMENTS ANNUELS		AGE.	PAIEMENTS UNIQUES.	PAIEMENTS ANNUELS	
		durant la vie des deux.	jusqu'à la mort des deux.			durant la vie dès deux.	jusqu'à la mort des deux.
	fr.	fr.	fr.		fr.	fr.	fr.
20—20	23 126	1 359	0 969	40—40	37 816	2 709	1 867
»—25	24 453	1 464	1 039	»—45	40 352	3 058	2 056
»—30	25 808	1 583	1 112	»—50	42 661	3 488	2 239
»—35	27 290	1 727	1 195	»—55	44 211	3 975	2 367
»—40	28 621	1 904	1 271	»—60	46 293	4 608	2 548
»—45	30 207	2 153	1 365	»—65	47 466	5 554	2 655
»—50	31 441	2 456	1 441	»—70	48 769	6 842	2 778
»—55	32 763	2 816	1 524	45—45	43 392	3 456	2 299
»—60	33 734	3 279	1 587	»—50	46 220	3 944	2 542
»—65	34 816	3 973	1 659	»—55	48 648	4 494	2 767
»—70	35 515	4 934	1 706	»—60	50 502	5 209	2 948
25—25	25 954	1 579	1 120	»—65	52 608	5 254	3 165
»—30	27 496	1 710	1 206	»—70	53 756	7 716	3 292
»—35	29 054	1 862	1 296	50—50	49 633	4 501	2 862
»—40	30 556	2 055	1 386	»—55	52 632	5 122	3 170
»—45	32 269	2 321	1 493	»—60	55 296	5 918	3 468
»—50	33 705	2 649	1 585	»—65	57 559	7 096	3 740
»—55	35 024	3 031	1 673	»—70	59 328	8 715	3 968
»—60	36 172	3 528	1 751	55—55	56 227	5 815	3 578
»—65	37 207	4 268	1 824	»—60	59 508	6 694	3 992
»—70	38 031	5 295	1 883	»—65	62 388	7 989	4 394
30—30	29 247	1 854	1 308	»—70	64 424	9 802	4 704
»—35	31 056	2 022	1 417	60—60	63 492	7 665	4 560
»—40	32 898	2 236	1 533	»—65	67 104	9 088	5 148
»—45	34 581	2 517	1 643	»—70	69 915	11 032	5 665
»—50	36 375	2 876	1 765	65—65	71 595	10 686	6 002
»—55	37 726	3 284	1 861	»—70	75 235	12 843	6 820
»—60	39 021	3 819	1 955	»— »	» »	» »	» »
»—65	40 113	4 612	2 038	»— »	» »	» »	» »
»—70	40 957	5 715	2 103	»— »	» »	» »	» »
35—35	33 133	2 208	1 548	»— »	» »	» »	» »
»—40	35 283	2 444	1 690	»— »	» »	» »	» »
»—45	37 410	2 756	1 838	»— »	» »	» »	» »
»—50	39 030	3 138	1 956	»— »	» »	» »	» »
»—55	40 945	3 585	2 102	»— »	» »	» »	» »
»—60	42 170	4 163	2 199	»— »	» »	» »	» »
»—65	43 533	6 017	2 310	»— »	» »	» »	» »
»—70	44 373	6 210	2 381	»— »	» »	» »	» »

NOTA. Les valeurs d'assurances sur deux têtes dont les âges diffèrent de ceux portés aux tarifs sont calculés d'après les mêmes bases. Il en est de même pour les assurances qui dépendent d'un ordre particulier de survie, soit que la somme assurée doive être payée à la mort d'un individu, pourvu qu'une personne désignée lui survive ; soit au contraire que le paiement de la somme assurée, à effectuer au décès d'un individu soit subordonné à la condition que ce décès sera postérieur à celui d'une autre personne désignée.

PRIX D'UNE RENTE VIAGÈRE **SUR UNE TETE**.

(La rente est servie immédiatement.)

AGE.	CAPITAL d'une rente de 100 fr.	RENTE pour 100 fr. de capital.
	fr.	fr.
45	1496 60	6 682
46	1465 50	6 824
47	1435 50	6 966
48	1404 40	7 120
49	1343 30	7 276
50	1374 40	7 444
51	1343 30	7 614
52	1284 60	7 785
53	1254 80	7 969
54	1223 90	8 171
55	1194 20	8 374
56	1163 30	8 596
57	1131 30	8 839
58	1100 50	9 087
59	1068 60	9 358
60	1035 40	9 658
61	1001 »	9 990
62	965 20	10 360
63	930 30	10 749
64	894 10	11 184
65	874 50	11 435
66	855 70	11 687
67	837 50	11 940
68	820 10	12 194
69	803 30	12 449
70	787 10	12 705
71	771 50	12 962
72	756 40	13 220
73	741 90	13 479
74	727 90	13 739
75	714 30	14 »

PRIX D'UNE RENTE VIAGÈRE SUR 2 TETES DU MÊME AGE, PAYABLE JUSQU'AU DÉCÈS DE LA DERNIÈRE.

(La rente est payée par semestre.)

AGE COMMUN.	CAPITAL d'une rente de 100 fr.	RENTE pour 100 fr. de capital.
	fr.	fr.
45	1812 80	5 516
46	1782 80	5 609
47	1752 60	5 706
48	1721 70	5 808
49	1690 70	5 915
50	1659 »	6 028
51	1627 30	6 145
52	1595 70	6 267
53	1563 20	6 397
54	1529 80	6 537
55	1496 50	6 682
56	1461 90	6 840
57	1426 50	7 010
58	1391 30	7 189
59	1355 »	7 380
60	1317 50	7 590
61	1279 10	7 818
62	1239 40	8 068
63	1202 04	8 319
64	1166 86	8 570
65	1133 65	8 821
66	1102 29	9 072
67	1072 61	9 323
68	1044 50	9 574
69	1017 81	9 825
70	992 45	10 076
71	968 33	10 327
72	945 35	10 578
73	923 44	10 829
74	902 52	11 080
75	882 51	11 331

PRIX D'UNE RENTE **VIAGÈRE SUR DEUX TÊTES** (DIFFÉRENCE D'AGE, 5 ANS), PAYABLE JUSQU'AU DÉCÈS DE LA DERNIÈRE.

(La rente est payée par semestre.)

AGES.	CAPITAL d'une annuité de 100 fr.	RENTE pour 100 fr. de capital.
	fr.	fr.
45—50	1743 10	5 737
46—51	1712 20	5 840
47—52	1681 40	5 947
48—53	1649 70	6 062
49—54	1617 60	6 182
50—55	1585 10	6 309
51—56	1552 20	6 442
52—57	1519 »	6 583
53—58	1485 40	6 732
54—59	1450 70	6 893
55—60	1415 70	7 064
56—61	1379 60	7 249
57—62	1342 40	7 449
58—63	1305 50	7 660
59—64	1267 60	7 889
60—65	1228 50	8 140
61—66	1191 75	8 391
62—67	1157 14	8 642
63—68	1124 48	8 893
64—69	1093 61	9 144
65—70	1064 39	9 395
66—71	1036 70	9 646
67—72	1010 40	9 897
68—73	985 41	10 148
69—74	961 63	10 399
70—75	938 96	10 650
71—76	917 34	10 901
72—77	896 70	11 152
73—78	876 96	11 403
74—79	858 07	11 654
75—80	839 98	11 905

PRIX D'UNE RENTE **VIAGÈRE SUR DEUX TÊTES** (DIFFÉRENCE D'AGE, 10 ANS), PAYABLE JUSQU'AU DÉCÈS DE LA DERNIÈRE.

(La rente est payée par semestre.)

AGES.	CAPITAL d'une rente de 100 fr.	RENTE pour 100 fr. de capital.
	fr.	fr.
45—55	1683 30	5 941
46—56	1651 30	6 056
47—57	1619 10	6 176
48—58	1586 40	6 304
49—59	1553 50	6 437
50—60	1519 50	6 581
51—61	1485 40	6 732
52—62	1451 20	6 891
53—63	1416 40	7 060
54—64	1380 60	7 243
55—65	1344 70	7 437
56—66	1308 10	7 645
57—67	1271 »	7 868
58—68	1234 40	8 101
59—69	1197 10	8 354
60—70	1159 20	8 627
61—71	1126 40	8 878
62—72	1095 30	9 130
63—73	1065 80	9 383
64—74	1037 70	9 637
65—75	1010 90	9 892
66—76	985 40	10 148
67—77	961 10	10 405
68—78	937 80	10 663
69—79	915 60	10 922
70—80	894 30	11 182

PRIX D'UNE RENTE **VIAGÈRE SUR DEUX TETES**
(DIFFÉRENCE D'AGE, 20 ANS), PAYABLE JUSQU'AU DÉCÈS
DE LA DERNIÈRE.

(La rente est payée par semestre.)

AGES.	CAPITAL d'une annuité de 100 fr.	RENTE pour 100 fr. de capital.
	fr.	fr.
45—65	1586 80	6 302
46—66	1553 40	6 438
47—67	1520 50	6 577
48—68	1486 90	6 725
49—69	1453 70	6 879
50—70	1420 10	7 042
51—71	1386 80	7 211
52—72	1354 20	7 385
53—73	1320 80	7 571
54—74	1286 70	7 772
55—75	1253 20	7 980
56—76	1218 50	8 207
57—77	1183 20	8 452
58—78	1148 70	8 705
59—79	1113 10	8 984
60—80	1077 »	9 285

RENTE **TEMPORAIRE SUR UNE TETE** ET A DIFFÉRENTS AGES.

TARIF de la valeur du versement unique à effectuer pour jouir immédiatement d'une rente de 100 fr. pendant un temps déterminé.

(La rente est payable par semestre.)

PRIX D'UNE RENTE TEMPORAIRE DONT LA DURÉE EST DE :

AGE.	5 ANS.	10 ANS.	15 ANS.	20 ANS.	25 ANS.	30 ANS.	35 ANS.	40 ANS.	45 ANS.	50 ANS.
	fr. c.	fr. c.	fr. c.	fr. c.	fr. c.	fr. c.	fr. c.	fr. c.	fr. c.	fr. c.
5	436 10	784 90	1067 60	1295 »	1476 60	1621 50	1736 80	1828 80	1901 80	1958 20
10	446 30	808 »	1098 90	1356 30	1516 70	1642 20	1781 90	1875 20	1947 40	
15	445 90	804 40	1090 90	1319 30	1501 20	1646 20	1761 30	1850 20		
20	443 60	798 10	1080 70	1305 70	1485 20	1627 50	1737 70			
25	442 80	795 90	1076 90	1301 10	1478 90	1616 40				
30	442 20	794 10	1074 90	1297 60	1469 80					
35	442 10	794 80	1074 30	1290 90						
40	442 60	793 40	1064 90							
45	440 20	780 70								
50	433 »									

RENTES VIAGÈRES DIFFÉRÉES SUR UNE TÊTE.

TARIF des primes annuelles à payer pour jouir de 100 fr. de rente à l'expiration d'un nombre d'années déterminé, si l'on est vivant.

(La rente est payable par semestre.)

AGE AUQUEL ON VEUT OBTENIR LA RENTE.

Age de l'assuré.	5 ANS.	10 ANS.	15 ANS.	20 ANS.	25 ANS.	30 ANS.	35 ANS.	40 ANS.	45 ANS.	50 ANS.	55 ANS.	60 ANS.	65 ANS.	70 ANS	75 ANS.
	fr.	fr.	fr.	fr.	fr.	fr.	fr.	fr.	fr.	fr.	fr.	fr.	fr.	fr.	fr.
0	318 254	148 487	88 202	57 454	39 255	27 559	19 545	13 886	9 748	6 684	4 430	2 800	1 679	0 990	0 515
5	»	302 584	159 017	91 381	58 586	39 505	27 152	20 046	15 113	8 901	5 857	3 685	2 200	1 294	0 669
10	»	»	359 062	154 866	88 182	55 854	37 186	25 504	17 237	11 564	7 542	4 715	2 799	1 645	0 848
15	»	»	»	345 796	148 408	83 973	52 062	34 559	22 985	15 163	9 778	6 062	3 585	2 005	1 078
20	»	»	»	»	332 719	141 925	79 494	49 155	31 506	20 292	12 875	7 895	4 655	2 694	1 382
25	»	»	»	»	»	319 430	134 800	74 396	44 914	29 838	17 285	10 451	6 059	3 499	1 787
30	»	»	»	»	»	»	303 794	126 332	68 078	39 799	23 792	14 040	8 057	4 598	2 335
35	»	»	»	»	»	»	»	285 078	115 660	60 366	34 016	19 595	10 867	6 133	3 092
40	»	»	»	»	»	»	»	»	260 617	102 534	51 695	27 840	15 098	8 358	4 165
45	»	»	»	»	»	»	»	»	»	231 614	88 310	42 666	21 901	11 758	5 762
50	»	»	»	»	»	»	»	»	»	»	281 917	75 950	34 111	17 369	8 284
55	»	»	»	»	»	»	»	»	»	»	»	171 955	60 200	27 613	12 555
60	»	»	»	»	»	»	»	»	»	»	»	»	142 322	49 757	20 549
65	»	»	»	»	»	»	»	»	»	»	»	»	»	120 717	38 537
70	»	»	»	»	»	»	»	»	»	»	»	»	»	»	99 794

RENTES viagères **DIFFÉRÉES SUR UNE TETE.**

TARIF de la valeur du versement unique à effectuer pour jouir de 100 fr. de rente à un terme fixé, si l'on est vivant.
(La rente est payable par semestre.)

AGE AUQUEL ON VEUT OBTENIR LA RENTE.

AGE de l'assuré.	5 ANS.	10 ANS.	15 ANS.	20 ANS.	25 ANS.	30 ANS.	35 ANS.	40 ANS	45 ANS.	50 ANS.	55 ANS.	60 ANS.	65 ANS.	70 ANS.	75 ANS.
	fr. c.	fr. c.	fr. c.	fr. c.	fr. c.	fr. c.	fr. c.	fr. c.	fr. c.	fr. c.	fr. c.	fr. c.	fr. c.	fr. c.	fr. c.
0	1170 70	924 90	728 30	568 93	440 73	338 35	256 65	191 68	139 79	98 60	66 89	42 98	26 08	15 50	8 07
5	»	1040 70	1291 93	1009 21	781 88	600 20	455 32	340 02	248 02	175 08	118 65	76 24	46 25	27 51	14 31
10	»	»	1652 97	1291 24	1000 38	767 91	582 56	435 04	317 33	224 »	151 80	97 55	59 18	35 20	18 30
15	»	»	»	1591 46	1232 97	946 45	718 01	536 19	391 11	276 09	187 10	120 22	72 94	43 38	22 56
20	»	»	»	»	1525 55	1171 04	888 40	663 42	483 91	341 60	231 49	148 75	90 25	53 67	27 92
25	»	»	»	»	»	1462 70	1109 63	828 65	604 44	426 68	289 14	185 80	112 72	67 04	34 87
30	»	»	»	»	»	»	1389 73	1057 81	757 »	534 58	362 13	232 70	141 18	83 96	43 67
35	»	»	»	»	»	»	»	1383 63	950 90	671 25	454 88	292 30	177 33	105 47	54 85
40	»	»	»	»	»	»	»	»	1192 97	842 13	570 68	366 71	222 50	132 32	68 81
45	»	»	»	»	»	»	»	»	»	1086 47	715 93	460 04	279 10	166 »	86 33
50	»	»	»	»	»	»	»	»	»	»	910 30	584 94	354 90	211 10	109 77
55	»	»	»	»	»	»	»	»	»	»	»	767 36	465 60	276 90	144 01
60	»	»	»	»	»	»	»	»	»	»	»	»	1028 20	373 60	194 30
65	»	»	»	»	»	»	»	»	»	»	»	»	»	520 10	264 90
70	»	»	»	»	»	»	»	»	»	»	»	»	»	»	409 40

CONCLUSION.

L'exposé rapide qui précède, et la charte que nous venons de formuler, suffiront pour faire comprendre le mécanisme de l'institution qu'il s'agit de fonder, le contrôle auquel elle est soumise, les garanties qu'elle offre au public.

L'application de la mutualité à la constitution de l'héritage est toute nouvelle en France, mais ses principes ont reçu en Angleterre la sanction d'un immense succès ; et c'est avec l'autorité de la plus grande institution qui ait jamais été formée, et dont nous avons suivi pas à pas les traces, affermies par une expérience de près d'un siècle, que nous nous présentons au public.

L'histoire de *L'Équitable* anglaise montre combien il est utile de fonder en France un établissement de ce genre. Si nous étudions les mœurs et les habitudes de notre pays, si nous nous plaçons vis-à-vis des questions sociales qui s'agitent aujourd'hui, nous demeurerons convaincus qu'il faut que la société cherche dans l'assurance, dans la loi de solidarité qu'elle doit établir entre tous les chefs de famille, la solution des divers problèmes qui la préoccupent.

Nous l'avons déjà dit, constituer le patrimoine, c'est constituer l'ordre, parce que l'ordre et la propriété se tiennent par la main.

A ce point de vue', l'institution que nous créons sera l'auxiliaire le plus énergique du gouvernement démocratique que la France vient de proclamer.

Il ne sera pas sans intérêt de montrer, dans un résumé succinct, l'immense succès, la colossale puissance de l'établissement dont nous importons en France les bases principales. C'est à ce titre que nous donnerons comme conclusion le rapport présenté, il y a quelques années, lors de la dernière répartition des bénéfices, à l'assemblée générale des sociétaires de *L'Equitable* de Londres, par M. Morgan, son directeur.

RAPPORT DE M. MORGAN.

« Les admirables rapports qui ont été faits à l'Assemblée générale dans maintes occasions contiennent un exposé si clair et si intelligible des principes généraux de l'Assurance sur la vie, et de leur application aux affaires de la Société ; les dispositions prises à différentes époques pour fixer le mode de répartition de ses bénéfices ont été suivies avec tant de bonheur et de fidélité depuis un grand nombre d'années, qu'il ne semble plus nécessaire aujourd'hui que de donner les résultats de la laborieuse investigation qui a été faite dans le cours de cette année, conformément à l'art. 28 de la Charte sociale. Il y a cependant plusieurs circonstances relatives aux comptes actuellement soumis à l'Assemblée générale et au progrès de la Société, pendant les dix dernières années, qui semblent mériter en ce moment une attention particulière. Je demande donc la permission de vous présenter à ce sujet quelques observations qui, je l'espère, ne paraîtront dépourvues ni d'intérêt ni d'importance.

Les additions rétrospectives que l'on propose aujourd'hui de faire aux diverses polices d'assurances surpassent en importance toutes celles que la Société a votées jusqu'à présent, malgré les avantages extraordinaires produits, lors de la répartition des bénéfices en 1829, par la hausse de près de 20 pour 100 sur le capital de la Société placé dans les fonds publics (circonstance qui n'est pour rien dans l'accroissement actuel de ses bénéfices), malgre enfin la légère diminution qui se remarque depuis 1829 dans le nombre total des assurances, et quoique l'accroissement du capital n'ait eu lieu que dans des proportions bien inférieures à celui qui s'est opéré pendant la période décennale précédente.

La grandeur des additions actuelles doit être principalement attribuée aux salutaires dispositions des Statuts 28 et 40, qui ont pour but non seulement de limiter le nombre de ceux qui doivent participer simultanément à la répartition des bénéfices, mais encore de maintenir entre chaque répartition un intervalle suffisant pour qu'une grande portion des charges résultant, pour la Société, de la déclaration des dividendes, soit éteinte avant que son fonds de réserve soit de nouveau grevé par de nouvelles additions aux sommes assurées.

Le résultat que doit produire à cet égard l'intervalle de 10 ans qui sépare chaque distribution des bénéfices est plus particulièrement mis en évidence par les opérations de ces dix dernières années, et par la répartition actuelle, par suite de laquelle les assurances de quelques uns des membres les plus anciens vont recevoir une augmentation considérable, et où il va être constaté que l'âge moyen des assurés survivants qui participent à cette répartition est beaucoup plus avancé.

Le chiffre total des engagements de la Société au 1ᵉʳ janvier 1830 était de 497,775,000 fr. ; ils sont réduits aujourd'hui, en y comprenant les assurances faites pendant les 10 dernières années, à 352,006,175 fr. Mais, au 1ᵉʳ janvier prochain, ils seront remontés à l'énorme chiffre de 454,350,000 fr., et même, dans la situation prospère de la Société, il faudra un grand nombre d'années pour les réduire d'une manière sensible.

C'est à coup sûr une chose extraordinaire, et dont l'Assemblée générale a droit de se féliciter, comme d'une preuve de la prospérité et du succès toujours croissant de l'institution, qu'après avoir déclaré, il y a à peine 10 ans, un *boni* de 124,453,350 fr. sur le montant des sommes assurées ; après avoir payé aux héritiers ou ayant-cause des membres décédés une somme de 131,611,650 fr., et distribué, pour résiliation de polices ou paiements de bénéfices par anticipation, une autre somme de 32,033,675 fr., ce qui constitue, depuis le dernier inventaires, un déboursé de 165,645,325 francs, la Société puisse encore aujourd'hui, après avoir couvert tous les engagements qu'elle a contractés, proclamer une nouvelle distribution de plus de 100 millions, sur les cinq mille polices les plus anciennes, sans compromettre le moins du monde sa sécurité, et sans se priver des moyens de faire, dans l'avenir, les nouvelles répartitions de bénéfices sur lesquelles les assurés ont raisonnablement le droit de compter.

Peut-être les membres de la Société avaient-ils généralement pensé qu'en raison de la réduction, par suite de décès, du nombre des assurances antérieures à l'année 1817, l'inventaire actuel permettrait un bénéfice plus considérable qu'à aucun autre partage antérieur, et sous le rapport de la somme totale distribuée, et sous celui du taux de la répartition. S'il en est autrement, cela résulte de deux causes combinées : l'une est l'avancement en âge des vies assurées par les polices antérieures à 1817 et non encore éteintes, et l'autre, la part proportionnelle qui revient à ces anciennes polices, en raison du paiement, effectué depuis la dernière répartition, de dix primes annuelles de plus.

Au surplus, la *valeur réelle* du bénéfice présentement déclaré est à peu près la même que celle du boni de 1829, et si ce résultat n'est pas sensiblement changé (quoique le nombre des polices auxquelles il se rapporte ait été réduit de 5,500 à 3,228, c'est-à-dire de plus des deux tiers), il faut l'attribuer au nombre considérable de membres qui se sont réunis à la Société, dé 1810 à 1817. La plus grande partie de ces membres, à l'époque de leur admission, étaient âgés de 30 à 45 ans; ils ont formé un noyau d'assurés dont l'âge moyen a augmenté d'un nombre d'années à peu près égal à celui qui s'est écoulé depuis la date de leur police respective. De cette circonstance, et du grand nombre de ces polices qui sont demeurées en vigueur d'un inventaire décennal à un autre, il est résulté que le montant et la valeur réelle de l'addition d'*un* pour 100 sur l'importance de leurs polices pour chaque prime annuelle payée ont présenté, à chacune de ces périodes, un accroissement considérable.

Ainsi, lors de la répartition qui a été faite en 1819, le boni de 1 0[0, sur 27,100,700 fr. assurés par 674 polices remontant à 1810, s'élevait à 2,710,000 francs, et avait, à la date de l'inventaire, une valeur de 1,526,800 fr.

En 1829, le nombre de ces assurances ayant été réduit par les extinctions des dix années précédentes à 502, et les sommes assurées à 19,686,000 fr., le montant du boni, calculé sur le même taux de 1 p. 0[0 pour chaque prime payée, était de 3,837,400 fr., et avait une valeur immédiate de 2,560,675 fr.

Aujourd'hui le nombre de ces mêmes polices ayant subi une nouvelle réduction, et n'étant plus que de 330, représentant une somme de 13,728,000 francs, une nouvelle augmentation de 1 p. 100 par chaque prime payée sur ces assurances remontant à 1810 représente 4,118,400 fr., valeur à la mort des assurés, et exigerait, pour être payée immédiatement, 2,942,750 fr.

Si maintenant l'ont admet, ce qui est probable, que ces assurances continueront à diminuer dans la même proportion, jusqu'au prochain inventaire décennal, le même boni se monterait en 1849 à 3,400,000 fr., dont la valeur immédiate serait 2,516,000 fr.

La même démonstration résulterait d'un semblable examen sur les polices effectuées en 1811 et pendant les cinq années suivantes. On doit en conséquence admettre qu'une nouvelle addition de 2 1[2 p. 100 sur celles de ces polices qui ne seraient pas éteintes lors du prochain inventaire s'élèvera à une somme égale au montant du boni déclaré aujourd'hui sur les polices de la même date, qui représentent la plus grande portion des assurances contractées avant 1817.

Il m'a paru nécessaire de présenter ces chiffres, afin de prémunir les membres anciens contre les évaluations exagérées de bénéfices à recueillir dans les répartitions futures, et qui sont basées, dans l'esprit de plusieurs d'entre eux, sur la diminution de leur propre nombre. D'ailleurs il ne faut pas perdre de vue qu'à mesure qu'ils s'éteignent, d'autres prennent leur place et participent à une portion des bénéfices, et que les porteurs d'environ 230 polices augmentent chaque année le nombre de ceux qui prennent part à la distribution des bénéfices de la Société.

Je ne puis m'empêcher de faire remarquer ici que le présent inventaire démontre complétement la sagesse des articles réglementaires du 19 décembre 1816 et prouve combien une mesure de cette nature était nécessaire. Il est facile de voir, en effet, en se livrant à un examen des comptes qui viennent d'être produits, que, si la Société avait continué à réunir annuellement des assurances pour une même somme, et à les consentir aux conditions qui étaient en vigueur avant l'adoption de ces articles réglementaires, il lui aurait fallu un bénéfice plus que double de celui qu'elle a réalisé pour lui permettre d'accorder une augmentation de 2 1[2 sur toutes les assurances qui auraient eu droit, d'après les anciens règlements, à participer aux bénéfices acquis, ou bien elle aurait compromis son crédit et la sécurité de ses opérations en entamant sa réserve au détriment des membres les plus nouveaux.

Tous ceux qui se sont occupés des questions d'assurances sur la vie reconnaîtront facilement qu'il eût été impossible qu'un boni égal à celui qui est aujourd'hui disponible eût été reconstitué par les nouveaux membres, qui auraient, suivant l'ancien système, absorbé le fonds actuel.

Ce qui, jusqu'à présent, a eu le plus d'influence sur les succès de la Société, et ce qui a le plus contribué au développement de ses opérations et de son crédit dès le principe, c'est l'accumulation énorme de son capital. Fort heureusement l'Assemblée générale a adopté de sages mesures pour que cette accumulation si nécessaire ne fût pas arrêtée imprudemment dans ses progrès, et ces mesures ont complètement réussi; mais

nous sommes arrivés à une époque où une nouvelle répartition entre les assurés, par voie d'additions à leurs
polices des 2[3 du bénéfice, va imposer à la Société des
charges auxquelles elle ne pourra suffire au moyen de
son revenu annuel, c'est-à-dire du paiement des primes
dues par tous ses membres et de l'intérêt de son capital,
et l'on doit s'attendre, par cette raison, à une réduction progressive de ce capital. C'est l'effet nécessaire et
prévu de la mesure en vertu de laquelle les bénéfices
sont répartis, de temps à autre, entre les membres de
la Société, par voie d'addition à leurs polices ; et c'est,
il faut le reconnaître, un inconvénient de cette mesure,
qui, en réduisant le capital une fois accumulé, tend à
diminuer les garanties apparentes de sécurité données
par la Société, et par ce moyen à diminuer son crédit.

Accoutumées à voir tous les ans le capital s'augmenter dans une grande proportion, et à rattacher à cette
accumulation l'idée d'une richesse et de bénéfices croissants, beaucoup de personnes, en observant un ordre
de choses contraire, pourront supposer que les progrès
de la Société se sont arrêtés et que les bénéfices dimi-
nueront en même temps que son capital.

Il convient donc aujourd'hui de rappeler à l'Assemblée générale que l'on ne peut pas apprécier sûrement
la situation de la Société par l'augmentation ou la dé-
croissance de son capital, sans tenir compte en même
temps de l'âge de ses membres, du montant de leurs
assurances respectives et de leur ancienneté : car une
Société de ce genre pourrait, dans les commencements,

croître en nombre et ajouter tous les ans de grandes sommes à son capital, tout en procédant de manière à arriver à une ruine inévitable; tandis que, d'autre part, une autre Société, plus ancienne, du même genre, pourrait diminuer en nombre, être obligée, par l'insuffisance de son revenu pour satisfaire aux demandes annuelles, d'avoir recours à son capital, et cependant être en réalité dans l'état le plus florissant, et propriétaire d'une fonds de réserve considérable, s'accumulant par les intérêts composés, pour la sécurité et l'avantage futur de ses membres survivants.

Que l'accumulation du capital ne soit pas à elle seule le signe de la prospérité d'une institution de ce genre, ou de la quantité de bénéfices qu'elle peut réaliser, c'est une vérité que constate la situation de *L'Equitable* entre 1809 et 1819, comparée avec ses progrès dans les 10 dernières années.

Pendant la première période, le nombre des assurances s'est élevé de 7320 à 9490, et le capital, de 74,172,675 à 155,870,825 fr., ce qui constitue une augmentation de 81,698,150 fr.

Pendant la 2e période, le nombre des assurances s'est réduit de 8867 à 7481, et le capital ne s'est accru que de 7,069,150 fr.

-- Et cependant les bénéfices dont se forme le fonds de répartition ont été à très peu de chose près les mêmes de 1829 à 1839 que de 1809 à 1819, malgré l'énorme disproportion de l'accroissement du capital pendant les deux périodes.

. L'élévation des charges annuelles au niveau du revenu de la Société, et le prochain accroissement de ces
charges au delà du revenu, que, par la nature même et
les combinaisons de cette institution, il était raisonnable de prévoir dans un temps donné, sont cependant ar-
rivées plus rapidement qu'on ne pouvait s'y attendre
par suite du prix élevé des fonds publics à l'époque du
précédent inventaire, et par suite du prix auquel ils se
maintiennent encore aujourd'hui.

Cette plus-value sur les fonds publics a mis la Société
à même d'augmenter considérablement les additions faites au montant des polices des anciens membres, sans
avoir, pour faire face aux charges qui en devaient résulter, un accroissement proportionnel de revenu.

Ici se présente naturellement la question de savoir
s'il est prudent et sûr de prendre des engagements fixes
de la nature de ceux qu'on propose aujourd'hui, sous
la garantie d'un fonds de surplus dont le montant peut
dépendre beaucoup de la valeur flottante des fonds publics.

On a pensé que la pratique de la Société, à cet égard,
offrait des inconvénients, et cela est incontestable jusqu'à un certain point; mais si en 1829 les objections qui
se seraient élevées contre l'évaluation de la réserve,
calculée sur le prix des fonds publics à cette époque,
pouvaient avoir quelque force, l'inconvénient est beaucoup moins grand aujourd'hui qu'une portion plus notable du capital de la Société est placée sur hypothèques.

. L'extension donnée à ce dernier mode de placement
n'a pas eu seulement pour résultat de mettre à l'abri de

toute réduction future la valeur des fonds qui y sont appliqués.

Le taux de l'intérêt sur les placements hypothécaires a augmenté en raison directe de la baisse des fonds publics : la Société recueillera le fruit de ces sages précautions.

Sans entrer à cet égard dans de plus longs détails, il suffira de faire connaître que, si le 3 p. 100 venait à flotter entre les prix de 90 et 86, l'augmentation du revenu semestriel provenant de l'intérêt des placements hypothécaires serait double de la différence entre le produit 1,375,000 de rente 3 p. 100 vendues à 86, et nous devons ajouter qu'il ne sera probablement pas nécessaire de réaliser une plus forte somme, par la vente de fonds publics, pour faire face aux charges de la Société, pendant chacune des dix années qui vont suivre. Si les fonds publics venaient à subir une baisse plus forte et à flotter de 86 à 78, l'augmentation des intérêts provenant des placements hypothécaires, pour un semestre seulement, couvrirait une perte de 10 p. 100 sur la réalisation de 2,000,000 de rente 3 p. 100.

Depuis la naissance de la Société, qui compte aujourd'hui plus des trois quarts d'un siècle, aucun examen de ses affaires n'a été plus important que celui auquel nous nous livrons aujourd'hui, et à aucune époque il n'a fourni des informations plus précieuses et plus satisfaisantes que celles qui ont été données par l'expérience des deux dernières années.

La précédente répartition qui a eu lieu des bénéfices de la Société, et qui a augmenté tout d'un coup ses charges de près de 125 millions, tout en donnant la plus haute satisfaction à ceux des membres qui étaient appelés à en profiter, ne pouvait manquer d'exciter en même temps quelques inquiétudes, et à cause de l'importance d'un pareil boni, et en raison de l'estimation élevée donnée au capital placé en fonds publics. Aujourd'hui qu'une nouvelle répartition d'une importance à peu près égale est sur le point d'être arrêtée dans des circonstances presque semblables, il est d'une grande importance de s'assurer si les additions déclarées en 1829 ont exercé sur les dépenses annuelles de la Société les résultats attendus, et quelle a été leur influence sur les opérations financières de *L'Equitable* depuis cette époque.

Les comptes trimestriels qui sont mis sous les yeux de l'Assemblée ne peuvent aider à la solution de ces questions importantes ; je demande la permission d'y suppléer par quelques observations.

Si toutes les additions faites au montant des polices par la répartition de 1829 avaient été payables seulement à la mort des membres décédés, avec les sommes primitivement assurées, les charges annuelles auraient été augmentées, par cette répartition, de plus de 4,225,000 fr.

Mais, en réalité, cette dépense annuelle aurait été réduite à 2,925,000 fr., des droits équivalant à une somme annuelle de 1,300,000 fr. ayant été éteints avant le 1er janvier 1830.

Un tiers du montant total des additions de 1829 aurait été liquidé le 1ᵉʳ janvier 1840, et l'accumulation du capital aurait produit, en même temps, une somme additionnelle de plus de 52,500,000 fr.

Mais, peu de temps après la déclaration du bénéfice de 1829, la Société a dû escompter pour environ 25,000,000 fr. de ces additions, et il en est résulté, d'une part, un déboursé qui a arrêté l'accumulation du capital, et de l'autre, une réduction de plus de 787,500 fr. sur les charges annuelles.

Le montant des sommes payées annuellement, pendant les 9 années qui viennent de s'écouler, pour raison de ces additions, a été en moyenne de 2,125,000 fr., au lieu de 2,925,000 fr.; et cependant il a été payé, en réalité, 3,375,000 fr. par an depuis 1829, imputables sur le surplus déclaré à cette époque, indépendamment de la somme appliquée [au rachat du cinquième environ de ce surplus. Le résultat de ces divers paiements a été l'extinction de la moitie de toutes les additions depuis le dernier inventaire décennal.

· L'effet produit par l'application, au profit des assurés, du surplus fixé en 1829, peut donner une juste idée des conséquences qui vont résulter des nouvelles additions proposées aujourd'hui; mais il faut prendre en considération les changements opérés dans la situation des assurances.

Le montant des sommes assurées en ce moment sur des têtes de 60 à 90 ans excède de plus de 12,500,000 fr. le montant des assurances du même genre qui existaient en 1829; et quoique la somme des additions résultant du présent inventaire ne s'élève en masse qu'aux quatre cinquièmes environ des additions de 1829, cependant les anciens membres de la Société participeront à cette répartition pour plus de 75 millions; ce qui dépasse de 21,750,000 fr. la somme répartie en 1829 entre ces mêmes membres.

Il est impossible d'apprécier aujourd'hui la portion de ce surplus qui sera escomptée par la Société après le 1er janvier 1840; mais si le surplus n'était payé qu'à la mort des assurés, avec les sommes principales primitivement portées sur ces polices, l'expérience des années précédentes montre qu'il y aurait à payer chaque année le seizième environ, c'est-à-dire 4,750,000 fr. ; et si à cette somme on ajoute celle à payer pour les additions proposées en faveur des têtes moins âgées, on peut calculer (en tenant compte de l'extinction successive des polices, pour la part additionnelle desquelles il est déjà payé annuellement une somme de 1,650,000 fr.) que les charges annuelles seraient augmentées de 7,500,000 fr. par suite du surplus qui va être déclaré, et s'élèveraient ainsi au delà de 12,500,000 fr.

Je crois, en conséquence, être fondé à affirmer, en jugeant d'après l'expérience du passé et les comptes actuels de la Société, qu'à dater du 1er janvier, les charges de l'établissement s'élèveront, pendant les dix premières années qui vont s'écouler, à une somme de 187,500,000 fr., sur laquelle plus de 100,000,000 fr. *se composent d'additions aux polices primitives.*

De tels résultats sont si énormes et embrassent des

intérêts privés si puissants, qu'il suffit de les indiquer.
Il est à peine nécessaire d'ajouter une seule observation en faveur des mesures d'administration qui les
ont produits, et au moyen desquelles tous les avantages
que présente la Société ont été exploités durant les
phases diverses de son existence et le développement
de ses opérations, dans le but unique d'en faire jouir les
héritiers et ayant-cause des membres de la Société.
Ces mesures peuvent seules autoriser l'établissement à
prendre avec confiance les engagements d'une importance sans exemple que la Société s'oblige à remplir.

Mais ce n'est qu'en se conformant avec une rigou-
reuse ponctualité aux règles établies, en ménageant
avec soin et en améliorant toutes les ressources dont
la Société dispose, qu'elle pourra à la fois remplir fidèlement ses engagements et réaliser les légitimes espé-
rances de ceux de ses membres qui n'ont encore pris
aucune part à la répartition de ses bénéfices.

Lors même que la Société ne rencontrerait, dans ses
progrès, aucun obstacle imprévu, l'effet que ne peut
manquer de produire sur son capital, la répartition du
bénéfice considérable que vous allez constater suffit pour
démontrer qu'il serait impossible de l'augmenter, ni de
rapprocher le terme des prochains inventaires, sans
s'écarter des règles de modération et de prudence qui
ont, jusqu'à présent, signalé toutes vos relations, et
qui ont conduit votre établissement à une prospérité
sans exemple, en lui assignant dans l'opinion publique
la place éminente qu'il a si long-temps et si juste-

ment occupée, et qu'il ne tient qu'à vous de lui maintenir. »

* * *

Les préventions que nous pourrions rencontrer disparaîtront, sans doute, devant les résultats que constate ce remarquable rapport.

On comprendra que, si, dans la Grande-Bretagne, on a pu créer une institution financière qui n'a point d'égale dans le monde, il est possible d'arriver aux mêmes succès en France : car enfin, ici les circonstances personnelles, les rapports sociaux, l'état et la position des individus, toutes ces causes qui déterminent, l'un à effectuer une assurance, l'autre à acheter une rente viagère, existent chez nous comme en Angleterre.

L'histoire de *L'Équitable anglaise* doit dissiper les craintes qu'on pourrait se former sur les dangers auxquels on suppose qu'un établissement de ce genre est exposé à sa naissance.

Nous avons prouvé, par le calcul, que ces dangers doivent être considérés comme nuls ; mais tout le monde ne pouvant apprécier le degré de certitude de cette assertion, l'expérience est nécessaire pour convaincre ceux qui ne seraient pas suffisamment éclairés. Or, que peut-on désirer de plus que l'expérience d'une Société qui repose aujourd'hui sur un capital aussi considérable et qui compte près de trois quarts de siècle d'existence ?

TABLE DES MATIÈRES.

	Pages.
INTRODUCTION.	1

Iʳᵉ PARTIE.

CHAP. I. — Origine et progrès des assurances en Angleterre .	5
CHAP. II. — Histoire de *L'Equitable* anglaise.	17
CHAP. III. — Principales causes du succès de l'*Equitable Society*	39
CHAP. IV. — Eclaircissements sur quelques points des règlements et de l'administration de *L'Equitable* anglaise.	49

IIᵉ PARTIE.

CHAP. I. — Principes de l'assurance mutuelle en cas de mort.	69
CHAP. II. — Constitution de *L'Equitable* anglaise.	74
CHAP. III. — Parallèle entre l'assurance mutuelle et l'assurance commerciale en cas de mort.	87
CHAP. IV. — Application du principe de l'assurance mutuelle en cas de mort.	97
CHAP. V. — Aperçu des conséquences économiques, morales et politiques, d'une fondation de ce genre dans notre pays.	
§ 1. — Conséquences économiques et morales.	112
§ 2. — Conséquences politiques	125

IIIᵉ PARTIE.

CHAP. UNIQUE. — Plan d'un établissement d'épargnes testamentaires.	143
§ 1. — Des calculs de probabilités de la vie humaine qui doivent servir de base aux opérations d'un établissement d'assurance mutuelle en cas de mort.	148
§ 2. — Inventaires. — Répartitions des bénéfices résultant de l'excédant des sommes reçues sur les risques qu'elles sont destinées à couvrir. — Distribution des bénéfices entre les sociétaires.	157
§ 3. — Résiliations et déchéances.	184
§ 4. — Des avances à faire par la direction, et du fonds de roulement à constituer pour garantir les débuts de l'établissement contre les écarts de la mortalité.	189
§ 5. — De l'administration de l'établissement.	196
§ 6. — Statuts et règlements de l'établissement.	199
§ 7. — Tarifs et prix des assurances et des rentes viagères.	225
CONCLUSION.	239

FIN DE LA TABLE DES MATIÈRES.

www.ingramcontent.com/pod-product-compliance
Ingram Content Group UK Ltd.
Pitfield, Milton Keynes, MK11 3LW, UK
UKHW022330090726

13658UKWH00001B/179